審査員 が秘訣を教える！

2022年改定「ISO 27001/27017」対応・導入マニュアル

一般社団法人 日本能率協会 審査登録センター［編著］

日刊工業新聞社

はじめに

　2015年7月に出版した「審査員が秘訣を教える！"改定ISO27001"対応・導入マニュアル」から、10年弱が経過しました。その間、産業界でのIT導入およびDX化とともに、新型コロナウイルス感染症流行後のニューノーマルな働き方の定着が進む一方で、ランサムウェアによる被害やサプライチェーンの弱点を利用した攻撃、標的型攻撃による機密情報の窃取など、情報セキュリティインシデントの発生は枚挙にいとまがなく、企業としての情報セキュリティ対応が求められています。

　また、情報セキュリティを取り巻く法令規制についても、個人情報保護法をはじめサイバーセキュリティ基本法、マイナンバー法、不正アクセス行為の禁止などに関する法律、電子署名および認証業務に関する法律などが改正され、これらの法律規制に対するコンプライアンス対応も求められています。

　最近、導入が進んでいるクラウドサービスについて、「企業におけるクラウドサービスの利用状況（令和5年版　情報通信白書）」では、調査対象となった企業のうち約70%が「クラウドサービスを利用している」という回答結果が出ており、さらに同白書では「企業におけるクラウドサービス利用の効果」において、調査対象となった企業のうち約90%が「クラウドサービスの利用は効果的」であり、利用しているクラウドサービスとしては「ファイル保管・データ共有」や「給与、財務会計、人事」のほか、「営業支援」や「生産管理、物流管理、店舗管理」な業務でクラウドサービスが利用されているという回答結果が出ています。上記のように、あまねく業種でIT導入およびDX化とともにクラウドも導入され、それらの導入により発生するリスクへの対応が迫られています。

　2022年10月に発行されたISO27001も、このような技術動向などを反映する形で改定されています。一般社団法人日本能率協会審査登録センター（略称：JMAQA）は、2002年からISMS審査を実施し、20年以上の

経験を持つ認証機関です。この経験において、組織の情報セキュリティ対策に理想論を要求するのではなく、組織の「実務・実情を踏まえた情報セキュリティとは何か」を、一緒に考えてきました。

改定されたISO/IEC27001：2022およびクラウドセキュリティ認証（ISO27017）について、登録の有無を問わずさまざまな業種や企業様に向けて広くご活用いただきたい、ひいては産業界の発展の一助としたいとの思いから、本書を出版しました。

本書をご活用いただくことにより、ISO27001規格の理解からISMSの新規導入、ISO27001：2013からISO27001：2022への規格移行対応、ISO/IEC27001：2022およびクラウドセキュリティ認証の導入に関して、実務・実情を踏まえた考え方と知識の吸収が可能になると考えます。ISMS認証のみならず、情報セキュリティ対策を見直し、リスク軽減を図ろうとする組織の方々にぜひご一読いただきたく存じます。

2024年3月

監修・執筆者代表　一般社団法人日本能率協会

審査登録センター　センター長

平川 雅宏

本書の利用法

本書は、以下の3章から構成している。
○ CHAPTER1　ISO27001：2022　変更内容の概要
○ CHAPTER2　改定ISO27001、クラウドの要求事項と規格解釈：パート1（箇条1〜10）
○ CHAPTER3　改定ISO27001、クラウドの要求事項と規格解釈：パート2（管理策）

CHAPTER1では、旧版との差分や変更点に注視した内容となっている。本文（箇条4〜10）の変更点や管理策の新旧対比に加え、クラウドセキュリティの対応について表として記載している。本表は、JIS Q 27001：2014（ISO/IEC27001：2013）からJIS Q 27001：2023（ISO/IEC27001：2022）への規格移行に当たり、ギャップ分析やクラウドセキュリティ（JIS Q 27017：2016（ISO/IEC27017：2015））との対応などに活用していただくことも可能と考える。

CHAPTER2では、本文（箇条1〜10）について、規格本文とともに「解釈と注意する点」「審査員が教える運用のポイント」を記載している。この章では、対応するクラウドセキュリティについて本文およびポイントを記載し、ISMS＋クラウドについての理解を深められるようになっている。

・「規格要求事項」について、以下のような枠内に記載した。

1．適用範囲

・・・・・・・・・・・・・・

○**解釈と注意する点**に、規格の理解に必要な概念や考え方、要約を記載している。

○**審査員が教える運用のポイント**には、実務・実情を踏まえた考え方やポイントなどを記載している。また、「審査員が教える運用のポイント」の中で、＜**改定のポイント・差分**＞では、JIS Q 27001：2014（ISO/IEC27001：2013）からJIS Q 27001：2023（ISO/IEC27001：2022）への規格移行に当たり、要求事項としての変化や差分などを記載している。

○クラウドセキュリティについては、**クラウドサービス要求事項**の枠内にJIP-ISMS517-1.0の要求事項を記載し、**審査員が教える運用のポイント**に、上記と同様に実務・実情を踏まえた考え方やポイントなどを記載している。

CHAPTER3では、管理策について要求事項や実施の手引きとともに「解釈と注意する点」「審査員が教える運用のポイント」を記載している。この章でも、対応するクラウドセキュリティについて本文およびポイントを記載し、ISMS＋クラウドについての理解を深められるようになっている。

○「管理策」については、JIS Q 27001：2023（ISO/IEC27001：2022）とJIS Q 27001：2014（ISO/IEC27001：2013）それぞれの新旧管理策の対応表を、以下に示すような形式で掲載している。

管理比較表				
	2022年版		2013年版	
管理策	5.1	情報セキュリティのための方針群	A.5.1.1	情報セキュリティの方針群
	・・・・・・・・		・・・・・・	
			A.5.1.2	情報セキュリティのための方針群のレビュー
			・・・・・・	

○**目 的**では、ISO/IEC27001：2022を独自に翻訳した管理策の目的を記載している。管理策採択や実施目的などに役立ててほしい。

○**解釈と注意する点**では、CHAPTER2と同様に規格の理解に必要な概念や考え方、要約を記載している。

○**クラウドサービス固有の実施の手引き**では、クラウドセキュリティの

要求事項として参照している規格である、JIS Q 27017：2016（ISO/IEC27017：2015）に記載のある実践の手引きを記載している。なお、JIS Q 27017：2016（ISO/IEC27017：2015）では、実践の手引きとしてISO/IEC27002を参照している箇所があるが、ISO/IEC27002での実践の手引きについては数が多く収まらないことから、本書では割愛した。正しい理解のためにも、ISO/IEC27002も参照してほしい。

○ **審査員が教える運用のポイント**では、JIS Q 27001：2023（ISO/IEC27001：2022）の管理策について、新旧管理策の違いや実務・実情を踏まえた考え方、要点などに加え、対応するクラウドセキュリティについても併せて記載している。

最後に、本書の活用が組織のISMS認証に貢献するだけでなく、真に情報セキュリティ強化につながることが筆者一同の望みである。

審査員が秘訣を教える！
2022年改定「ISO27001/27017」 対応・導入マニュアル

目　次

CHAPTER 1

ISO27001：2022　変更内容の概要

CHAPTER 2

改定ISO27001、クラウドの要求事項と 規格解釈：パート１（箇条１〜10）

CHAPTER 3

改定ISO27001、クラウドの要求事項と規格解釈：パート２（管理策）

CHAPTER **1**

ISO27001：2022
変更内容の概要

2022年版の主な改定点は次の通りである。

1. 本文（箇条4〜箇条10）の改定

　規格本文の改定は、2013年版以降に改定された共通MSSの適用、参照している他規格の改定によるもの、規格固有の変更（形式的な変更）がほとんどである。総じて、規格要求事項として主旨が大きく変わるような改定はなく、影響度は限定的であり、根本的な見直しの必要はないと考える。

　図表1-1に、新旧箇条の主な変更点を示す。詳細な変更点、解釈と注意する点などは後述を参照いただきたい。

〈図表1-1　ISO27001：2022における新旧箇条の主な変更点（1）〉

箇条	変更内容	JIS Q 27001：2014 （要求事項の該当箇所のみを抜粋）	JIS Q 27001：2023 （要求事項の該当箇所のみを抜粋）
4.1 組織及びその状況の理解	参照規格の変更	注記　これらの課題の決定とは、**JIS Q 31000：2010 [5] の5.3**に記載されている組織の外部状況及び内部状況の確定のことをいう。	注記 これらの課題の決定とは、**ISO 31000：2018[5]の5.4.1**に記載されている組織の外部状況及び内部状況の確定のことをいう。
4.2 利害関係者のニーズ及び期待の理解	細分化、項目化	b）その利害関係者の、**情報セキュリティに関連する要求事項**	a）**ISMSに関連する利害関係者** b）その利害関係者の、**情報セキュリティに関連する要求事項**
4.4 情報セキュリティマネジメントシステム	一部文言の追加	組織は、この規格の要求事項に従って、ISMSを確立し、実施し、維持し、かつ、継続的に改善しなければならない。	組織は、この規格の要求事項に従って、**必要なプロセス及びそれらの相互作用を含む**、ISMSを確立し、実施し維持し、かつ、継続的に改善しなければならない。
5.1 リーダーシップ及びコミットメント	注記の追加	−	**注記　この規格で"事業"という場合、それは、組織の存在の目的の中核となる活動という広義の意味で解釈され得る。**
5.3 組織の役割, 責任及び権限	一部文言の追加	トップマネジメントは、情報セキュリティに関連する役割に対して、責任及び権限を割り当て、伝達することを確実にしなければならない。	トップマネジメントは、情報セキュリティに関連する役割に対して、責任及び権限が割り当てられ、**組織内に**伝達することを確実にしなければならない。

〈図表1-1　ISO27001：2022における新旧箇条の主な変更点（2）〉

箇条	変更内容	JIS Q 27001：2014 （要求事項の該当箇所のみを抜粋）	JIS Q 27001：2023 （要求事項の該当箇所のみを抜粋）
6.1.3 情報セキュリティリスク対応 c）注記	一部文言の削除	注記1　附属書Aは、**管理目的及**び管理策の包括的なリストである。この規格の利用者は、必要な管理策の見落としがないことを確実にするために、附属書Aを参照することが求められている。 注記2　**管理目的**は、選択した管理策に暗に含まれている。附属書Aに規定した**管理目的**及び管理策は、全てを網羅してはいないため、追加の**管理目的**及び管理策が必要となる場合がある。	注記2　附属書Aは、考えられる情報セキュリティ管理策のリストである。この規格の利用者は、必要な情報セキュリティ管理策の見落としがないことを確実にするために、附属書Aを参照することが求められている。 注記3　附属書Aに規定した情報セキュリティ管理策は、全てを網羅していない。必要な場合は、追加の情報セキュリティ管理策を含めることが可能である。
6.1.3 情報セキュリティリスク対応 d）	細分化、項目化	d）次を含む適用宣言書を作成する。 －<u>必要な管理策［6.1.3のb）及びc）参照］及びそれらの管理策を含めた理由</u>	d）次を含む適用宣言書を作成する。 <u>－必要な管理策［6.1.3のb）及びc）参照］</u> <u>－それらの管理策を含めた理由</u>
6.2 情報セキュリティ目的及びそれを達成するための計画策定 d）	項目の追加	d）伝達する。 e）必要に応じて、更新する。	**<u>d）これを監視する。</u>** e）これを伝達する。 f）必要に応じて、更新する。
6.2 情報セキュリティ目的及びそれを達成するための計画策定 g）	項目の追加	e）必要に応じて、更新する。 組織は、情報セキュリティ目的に～	f）必要に応じて、更新する。 **<u>g）文書化した情報として利用可能な状態にする</u>** 組織は、情報セキュリティ目的に～
6.3 変更の計画策定	要求事項の追加	－	**<u>組織がISMSの変更の必要があると決定したとき、その変更は、計画的な方法でなければならない。</u>**
7.4 コミュニケーション d）, e）	項目の統合	d）コミュニケーションの実施者 e）コミュニケーションの実施プロセス	**<u>d）コミュニケーションの方法</u>**
8.1 運用の計画及び管理 第1段落	細分化、項目化	組織は、情報セキュリティ要求事項を満たすため、及び6.1で決定した活動を実施するために必要なプロセスを計画し、実施し、かつ管理しなければならない。	組織は、次に示す事項の実施によって、要求事項を満たすため、及び箇条6で決定した活動を実施するために必要なプロセスを計画し、実施し、かつ、管理しなければならない。 **<u>－プロセスに関する基準の設定</u>** **<u>－その基準に従った、プロセスの管理の実施</u>**

〈図表1-1　ISO27001：2022における新旧箇条の主な変更点（3）〉

箇条	変更内容	JIS Q 27001：2014 （要求事項の該当箇所のみを抜粋）	JIS Q 27001：2023 （要求事項の該当箇所のみを抜粋）
8.1 運用の計画及び管理 第2段落	一部文言の変更	組織は、プロセスが計画通りに実施されたという確信をもつために必要な程度の、**文書化した情報を保持**しなければならない。	組織は、プロセスが計画どおりに実施されたという確信をもつために必要とされる、**文書化した情報を利用可能な状態**にしなければならない。
8.1 運用の計画及び管理 第4段落	一部文言の追加	組織は、外部委託したプロセスが決定され、かつ、管理されていることを確実にしなければならない。	組織は、ISMSに関連する外部から提供されるプロセス、**製品又はサービス**が管理されていることを確実にしなければならない
9.1 監視, 測定, 分析及び評価	注記を項目化	b）該当する場合には、必ず、妥当な結果を確実にするための、監視、測定、分析及び評価の方法。**注記 選定した方法は、妥当と考えられる、比較可能で再現可能な結果を生み出すことが望ましい。**	b）該当する場合には、必ず、妥当な結果を確実にするための、監視、測定、分析及び評価の方法。**選定した方法は、妥当と考えられる、比較可能で再現可能な結果を生み出すことが望ましい。**
9.1 監視, 測定, 分析及び評価 第3段落	記載位置の変更	**組織は、情報セキュリティパフォーマンス及びISMSの有効性を評価しなければならない。** 組織は、次の事項を決定しなければならない。 〜 組織は、監視及び測定の結果の証拠として、適切な文書化した情報を保持しなければならない。	組織は、次の事項を決定しなければならない。 〜 組織は、この結果の証拠として、文書化した情報を利用可能な状態にしなければならない。 **組織は、情報セキュリティパフォーマンス及びISMSの有効性を評価しなければならない。**
9.1 監視, 測定, 分析及び評価 末尾	一部文言の変更	組織は、監視及び測定の結果の証拠として、**適切な文書化した情報を保持**しなければならない。	組織は、この結果の証拠として、**文書化した情報を利用可能な状態**にしなければならない。
9.2 内部監査	細分化、項目化	組織は、ISMSが次の状況にあるか否かに関する情報を提供するために、あらかじめ定めた間隔で内部監査を実施しなければならない〜 組織は、次に示す事項を行わなければならない。 c）頻度、方法、責任及び計画に関する要求事項及び報告を含む、監査プログラムの計画〜	9.2.1　一般 組織は、ISMSが次の状況にあるか否かに関する情報を提供するために、あらかじめ定めた間隔で内部監査を実施しなければならない〜 9.2.2　内部監査プログラム 組織は、監査プログラムを計画し、確立し、実施し維持しなければならない〜
9.2 内部監査	一部文言の変更	g）監査プログラム及び監査結果の証拠として、**文書化した情報を保持**する。	組織は、監査プログラムの実施及び監査結果の証拠として、**文書化した情報を利用可能な状態**にしなければならない。

〈図表1-1　ISO27001：2022における新旧箇条の主な変更点（4）〉

箇条	変更内容	JIS Q 27001：2014 （要求事項の該当箇所のみを抜粋）	JIS Q 27001：2023 （要求事項の該当箇所のみを抜粋）
9.3 マネジメントレビュー	細分化、項目化	トップマネジメントは〜 マネジメントレビューは、次の事項〜 マネジメントレビューからのアウトプットには、継続的改善の機会〜	9.3.1　一般 トップマネジメントは〜 9.3.2　マネジメントレビューへのインプット マネジメントレビューは、次の事項〜 c）ISMSに関連する利害関係者のニーズ及び期待の変化 9.3.3　マネジメントレビューの結果 マネジメントレビューの結果には、継続的改善の機会〜
9.3 マネジメントレビュー	一部文言の変更	組織は、マネジメントレビューの結果の証拠として、**文書化した情報を保持**しなければならない。	組織は、マネジメントレビューの結果の証拠として、**文書化した情報を利用可能な状態**にしなければならない。
10 改善	記載位置の変更	10.1　不適合及び是正処置 〜 10.2　継続的改善 〜	10.1　継続的改善 〜 10.2　不適合及び是正処置 〜
10 改善	一部文言の変更	組織は、次に示す事項の証拠として、**文書化した情報を保持**しなければならない。 f）不適合の性質及びとった処置 g）是正処置の結果	組織は、次に示す事項の証拠として、**文書化した情報を利用可能な状態**にしなければならない。 f）不適合の性質及びそれに対して講じたあらゆる処置 g）是正処置の結果ご使用者

2．附属書A管理策の改定

　2013年版の附属書Aでは114の管理策が規定されていたが、2022年版での管理策は93となり、管理策の分類は14分類から組織的管理策および人的管理策、物理的管理策、技術的管理策の4分類に再整理された。また、11の管理策が新規に追加されている。これらは、参照規格であるISO27002の改定によるものであり、管理策が削減されたわけではなく、整理統合されて新たな情報技術やシステム開発環境を考慮した内容となっている。

　また、2022年版への規格移行においては、新旧対応表などによるギャップ分析が必要となる。**図表1-2**に、新旧対応およびギャップ分析の一例を

示す。詳細な変更点、管理策の要約などは後述を参照いただきたい。

　新旧対応およびギャップ分析例には、ISMSのアドオン認証であるクラウドセキュリティ認証についての対応例としても表に含めた。クラウドセキュリティ認証をすでに適用している、あるいはこれから適用する場合は、一例として参照いただきたい。

〈図表1-2　ISO27001：2022移行に際しての新旧対応およびギャップ分析の一例（1）〉

JIS Q 27001：2023（ISO/IEC27001：2022）管理策	JIS Q 27001：2014（ISO/IEC27001：2013）管理策	JIS Q 27017：2016 (ISO/IEC27017：2015)			ギャップ分析	
		実施の手引	CSC	CSP	対応可否	対応内容
5.1 情報セキュリティのための方針群	A.5.1.1 情報セキュリティのための方針群	5.1.1	○	○		
	A.5.1.2 情報セキュリティのための方針群のレビュー	－	－	－		
5.2 情報セキュリティの役割及び責任	A.6.1.1 情報セキュリティの役割及び責任	6.1.1	○	○		
		CLD.6.3.1	○	○		
5.3 職務の分離	A.6.1.2 職務の分離	－	－	－		
5.4 経営層の責任	A.7.2.1 経営陣の責任	－	－	－		
5.5 関係当局との連絡	A.6.1.3 関係当局との連絡	6.1.3	○	○		
		－	○	○		
5.6 専門組織との連絡	A.6.1.4 専門組織との連絡	－	－	－		
5.7 脅威インテリジェンス		－	－	－		
5.8 プロジェクトマネジメントにおける情報セキュリティ	A.6.1.5 プロジェクトマネジメントにおける情報セキュリティ	－	－	－		
	A.14.1.1 情報セキュリティ要求事項の分析及び仕様化	14.1.1	○	○		
5.9 情報及びその他の関連資産の目録	A.8.1.1 資産目録	8.1.1	○	○		
		CLD.8.1.5	○	○		
	A.8.1.2 資産の管理責任a)	－	－	－		
5.10 情報及びその他の関連資産の許容される利用	A.8.1.3 資産利用の許容範囲	－	－	－		
	A.8.2.3 資産の取扱い	－	－	－		
5.11 資産の返却	A.8.1.4 資産の返却	－	－	－		
5.12 情報の分類	A.8.2.1 情報の分類	－	－	－		

17

〈図表1-2 ISO27001：2022移行に際しての新旧対応およびギャップ分析の一例（2）〉

JIS Q 27001：2023 (ISO/IEC27001：2022) 管理策	JIS Q 27001：2014 (ISO/IEC27001：2013) 管理策	JIS Q 27017：2016 (ISO/IEC27017：2015)			ギャップ分析	
		実施の手引	CSC	CSP	対応可否	対応内容
5.13 情報のラベル付け	A.8.2.2 情報のラベル付け	8.2.2	○	○		
5.14 情報の転送	A.13.2.1 情報転送の方針及び手順	－	－	－		
	A.13.2.2 情報転送に関する合意	－	－	－		
	A.13.2.3 電子的メッセージ通信	－	－	－		
5.15 アクセス制御	A.9.1.1 アクセス制御方針	－	－	－		
	A.9.1.2 ネットワーク及びネットワークサービスへのアクセス	9.1.2	○	－		
5.16 識別情報の管理	A.9.2.1 利用者登録及び登録削除	－	－	○		
5.17 認証情報	A.9.2.4 利用者の秘密認証情報の管理	9.2.4	○	○		
	A.9.3.1 秘密認証情報の利用	－	－	－		
	A.9.4.3 パスワード管理システム	－	－	－		
5.18 アクセス権	A.9.2.2 利用者アクセスの提供（provisioning）	9.2.2	－	○		
	A.9.2.5 利用者アクセス権のレビュー	－	－	－		
	A.9.2.6 アクセス権の削除又は修正	－	－	－		
5.19 供給者関係における情報セキュリティ	A.15.1.1 供給者関係のための情報セキュリティの方針	15.1.1	○	－		
5.20 供給者との合意における情報セキュリティの取扱い	A.15.1.2 供給者との合意におけるセキュリティの取扱い	15.1.2	○	○		
5.21 情報通信技術（ICT）サプライチェーンにおける情報セキュリティの管理	A.15.1.3 ICTサプライチェーン	15.1.3	－	○		
5.22 供給者のサービス提供の監視、レビュー及び変更管理	A.15.2.1 供給者のサービス提供の監視及びレビュー	－	－	－		
	A.15.2.2 供給者のサービス提供の変更に対する管理	－	－	－		

〈図表 1-2　ISO27001：2022移行に際しての新旧対応およびギャップ分析の一例（3）〉

JIS Q 27001：2023 （ISO/IEC27001：2022）管理策	JIS Q 27001：2014 （ISO/IEC27001：2013）管理策	JIS Q 27017：2016 （ISO/IEC27017：2015）			ギャップ分析	
		実施の手引	CSC	CSP	対応可否	対応内容
5.23 クラウドサービスの利用における情報セキュリティ		－	－	－		
5.24 情報セキュリティインシデント管理の計画策定及び準備	A.16.1.1 責任及び手順	16.1.1	○	○		
5.25 情報セキュリティ事象の評価及び決定	A.16.1.4 情報セキュリティ事象の評価及び決定	－	－	－		
5.26 情報セキュリティインシデントへの対応	A.16.1.5 情報セキュリティインシデントへの対応	－	－	－		
5.27 情報セキュリティインシデントからの学習	A.16.1.6 情報セキュリティインシデントからの学習	－	－	－		
5.28 証拠の収集	A.16.1.7 証拠の収集	16.1.7	○	○		
5.29 事業の中断・阻害時の情報セキュリティ	A.17.1.1 情報セキュリティ継続の計画	－	－	－		
	A.17.1.2 情報セキュリティ継続の実施	－	－	－		
	A.17.1.3 情報セキュリティ継続の検証、レビュー及び評価	－	－	－		
5.30 事業継続のためのICTの備え		－	－	－		
5.31 法令、規制及び契約上の要求事項	A.18.1.1 適用法令及び契約上の要求事項の特定	18.1.1	○	○		
	A.18.1.5 暗号化機能に対する規制	18.1.5	○	○		
5.32 知的財産権	A.18.1.2 知的財産権	18.1.2	○	○		
5.33 記録の保護	A.18.1.3 記録の保護	18.1.3	○	○		
5.34 プライバシー及び個人を特定できる情報（PII）の保護	A.18.1.4 プライバシー及び個人を特定できる情報（PII）の保護	－	－	－		
5.35 情報セキュリティの独立したレビュー	A.18.2.1 情報セキュリティの独立したレビュー	18.2.1	○	○		
5.36 情報セキュリティのための方針群、規則及び標準の順守	A.18.2.2 情報セキュリティのための方針群及び標準の順守	－	－	－		
	A.18.2.3 技術的順守のレビュー	－	－	－		

〈図表1-2 ISO27001：2022移行に際しての新旧対応およびギャップ分析の一例（4）〉

JIS Q 27001：2023 (ISO/IEC27001：2022) 管理策	JIS Q 27001：2014 (ISO/IEC27001：2013) 管理策	JIS Q 27017：2016 (ISO/IEC27017：2015)			ギャップ分析	
		実施の手引	CSC	CSP	対応可否	対応内容
5.37 操作手順書	A.12.1.1 操作手順書	－	－	－		
6.1 選考	A.7.1.1 選考	－	－	－		
6.2 雇用条件	A.7.1.2 雇用条件	－	－	－		
6.3 情報セキュリティの意識向上、教育及び訓練	A.7.2.2 情報セキュリティの意識向上、教育及び訓練	7.2.2	○	○		
6.4 懲戒手続	A.7.2.3 懲戒手続	－	－	－		
6.5 雇用の終了又は変更後の責任	A.7.3.1 雇用の終了又は変更に関する責任	－	－	－		
6.6 秘密保持契約又は守秘義務契約	A.13.2.4 秘密保持契約又は守秘義務契約	－	－	－		
6.7 リモートワーク	A.6.2.2 テレワーキング	－	－	－		
6.8 情報セキュリティ事象の報告	A.16.1.2 情報セキュリティ事象の報告	16.1.2	○	○		
	A.16.1.3 情報セキュリティ弱点の報告	－	－	－		
7.1 物理的セキュリティ境界	A.11.1.1 物理的セキュリティ境界	－	－	－		
7.2 物理的入退	A.11.1.2 物理的入退管理策	－	－	－		
	A.11.1.6 受渡場所	－	－	－		
7.3 オフィス、部屋及び施設のセキュリティ	A.11.1.3 オフィス、部屋及び施設のセキュリティ	－	－	－		
7.4 物理的セキュリティの監視		－	－	－		
7.5 物理的及び環境的脅威からの保護	A.11.1.4 外部及び環境の脅威からの保護	－	－	－		
7.6 セキュリティを保つべき領域での作業	A.11.1.5 セキュリティを保つべき領域での作業	－	－	－		
7.7 クリアデスク・クリアスクリーン	A.11.2.9 クリアデスク・クリアスクリーン方針	－	－	－		
7.8 装置の設置及び保護	A.11.2.1 装置の設置及び保護	－	－	－		
7.9 構外にある資産のセキュリティ	A.11.2.6 構外にある装置及び資産のセキュリティ	－	－	－		

〈図表1-2　ISO27001：2022移行に際しての新旧対応およびギャップ分析の一例（5）〉

JIS Q 27001：2023（ISO/IEC27001：2022）管理策	JIS Q 27001：2014（ISO/IEC27001：2013）管理策	JIS Q 27017：2016 (ISO/IEC27017：2015)			ギャップ分析	
		実施の手引	CSC	CSP	対応可否	対応内容
7.10 記憶媒体	A.8.3.1 取外し可能な媒体の管理	−	−	−		
		−	−	−		
	A.8.3.3 物理的媒体の輸送	−	−	−		
	A.11.2.5 資産の移動	−	−	−		
7.11 サポートユーティリティ	A.11.2.2 サポートユーティリティ	−	−	−		
7.12 ケーブル配線のセキュリティ	A.11.2.3 ケーブル配線のセキュリティ	−	−	−		
7.13 装置の保守	A.11.2.4 装置の保守	−	−	−		
7.14 装置のセキュリティを保った処分又は再利用	A.11.2.7 装置のセキュリティを保った処分又は再利用	11.2.7	○	○		
8.1 利用者エンドポイント機器	A.6.2.1 モバイル機器の方針	−	−	−		
	A.11.2.8 無人状態にある利用者装置	−	−	−		
8.2 特権的アクセス権	A.9.2.3 特権的アクセス権の管理	9.2.3	○	○		
8.3 情報へのアクセス制限	A.9.4.1 情報へのアクセス制限	9.4.1	○	○		
		CLD.9.5.1	−	○		
		CLD.9.5.2	○	○		
8.4 ソースコードへのアクセス	A.9.4.5 プログラムソースコードへのアクセス制御	−	−	−		
8.5 セキュリティを保った認証	A.9.4.2 セキュリティに配慮したログオン手順	−	−	−		
8.6 容量・能力の管理	A.12.1.3 容量・能力の管理	12.1.3	○	○		
		CLD.12.1.5	○	○		
8.7 マルウェアに対する保護	A.12.2.1 マルウェアに対する管理策	−	−	−		
8.8 技術的ぜい弱性の管理	A.12.6.1 技術的ぜい弱性の管理	12.6.1	○	○		
	A.18.2.3 技術的順守のレビュー	−	−	−		
8.9 構成管理						

〈図表1-2　ISO27001：2022移行に際しての新旧対応およびギャップ分析の一例（6）〉

JIS Q 27001：2023（ISO/IEC27001：2022）管理策	JIS Q 27001：2014（ISO/IEC27001：2013）管理策	JIS Q 27017：2016（ISO/IEC27017：2015）			ギャップ分析	
		実施の手引	CSC	CSP	対応可否	対応内容
8.10 情報の削除		−	−	−		
8.11 データマスキング		−	−	−		
8.12 データ漏えい防止		−	−	−		
8.13 情報のバックアップ	A.12.3.1 情報のバックアップ	12.3.1	○	○		
8.14 情報処理施設・設備の冗長性	A.17.2.1 情報処理施設の可用性	−	−	−		
8.15 ログ取得	A.12.4.1 イベントログ取得	12.4.1	○	○		
	A.12.4.2 ログ情報の保護	−	−	−		
	A.12.4.3 実務管理者及び運用担当者の作業ログ	12.4.3	○			
8.16 監視活動		−	−	−		
8.17 クロックの同期	A.12.4.4 クロックの同期	12.4.4	○	○		
		CLD.12.4.5	○	○		
8.18 特権的なユーティリティプログラムの使用	A.9.4.4 特権的なユーティリティプログラムの使用	9.4.4	○	○		
8.19 運用システムへのソフトウェアの導入	A.12.5.1 運用システムに関わるソフトウェアの導入	−	−	−		
	A.12.6.2 ソフトウェアのインストールの制限	−	−	−		
8.20 ネットワークセキュリティ	A.13.1.1 ネットワーク管理策	−	−	−		
8.21 ネットワークサービスのセキュリティ	A.13.1.2 ネットワークサービスのセキュリティ	−	−	−		
8.22 ネットワークの分離	A.13.1.3 ネットワークの分離	13.1.3	○	○		
		CLD.13.1.4	○	○		
8.23 ウェブフィルタリング		−	−	−		
8.24 暗号の利用	A.10.1.1 暗号による管理策の利用方針	10.1.1	○	○		
	A.10.1.2 鍵管理	10.1.2	○	−		
8.25 セキュリティに配慮した開発のライフサイクル	A.14.2.1 セキュリティに配慮した開発のための方針	14.2.1	○	○		
8.26 アプリケーションセキュリティの要求事項	A.14.1.2 公衆ネットワーク上のアプリケーションサービスのセキュリティの考慮	−	−	−		

〈図表1-2　ISO27001：2022移行に際しての新旧対応およびギャップ分析の一例（7）〉

JIS Q 27001：2023（ISO/IEC27001：2022）管理策	JIS Q 27001：2014（ISO/IEC27001：2013）管理策	JIS Q 27017：2016 (ISO/IEC27017：2015)			ギャップ分析	
		実施の手引	CSC	CSP	対応可否	対応内容
8.26 アプリケーションセキュリティの要求事項	A.14.1.3 アプリケーションサービスのトランザクションの保護	−	−	−		
8.27 セキュリティに配慮したシステムアーキテクチャ及びシステム構築の原則	A.14.2.5 セキュリティに配慮したシステム構築の原則	−	−	−		
8.28 セキュリティに配慮したコーディング		−	−	−		
8.29 開発及び受入れにおけるセキュリティテスト	A.14.2.8 システムセキュリティの試験	−	−	−		
	A.14.2.9 システムの受入れ試験	−	−	−		
8.30 外部委託による開発	A.14.2.7 外部委託による開発	−	−	−		
8.31 開発環境、テスト環境及び本番環境の分離	A.12.1.4 開発環境、試験環境及び運用環境の分離	−	−	−		
	A.14.2.6 セキュリティに配慮した開発環境	−	−	−		
8.32 変更管理	A.12.1.2 変更管理	12.1.2	○	○		
	A.14.2.2 システムの変更管理手順					
	A.14.2.3 オペレーティングプラットフォーム変更後のアプリケーションの技術的レビュー	−	−	−		
	A.14.2.4 パッケージソフトウェアの変更に対する制限	−	−	−		
8.33 テスト用情報	A.14.3.1 試験データの保護	−	−	−		
8.34 監査におけるテスト中の情報システムの保護	A.12.7.1 情報システムの監査に対する管理策	−	−	−		

CHAPTER 2

改定ISO27001、クラウドの要求事項と規格解釈：パート1（箇条1～10）

1 適用範囲

1. 適用範囲

　この規格は、組織の状況の下で、ISMSを確立し、実施し、維持し、継続的に改善するための要求事項について規定する。また、この規格は、組織のニーズに応じて調整した情報セキュリティのリスクアセスメント及びリスク対応を行うための要求事項についても規定する。この規格が規定する要求事項は、汎用的であり、形態、規模又は性質を問わず、全ての組織に適用できることを意図している。組織がこの規格への適合を宣言する場合には、箇条4～箇条10に規定するいかなる要求事項の除外も認められない。

　注記　この規格の対応国際規格及びその対応の程度を表す記号を、次に示す。

　ISO/IEC27001：2022、Information security, cybersecurity and privacy protection-Information security management systems－Requirements（IDT）

　なお、対応の程度を表す記号"IDT"は、ISO/IEC Guide 21-1に基づき、"一致している"ことを示す。

●解釈と注意する点

　この要求事項は汎用性があり、事業形態や規模、事業の特性を問わず、あらゆる業種の組織に適用できる「全産業向け」のものであることを宣言している。この規格に適合していることを、自らあるいは認証機関が実証する場合、要求事項を除外して本規格への適合を表明することはできない。

審査員が教える運用のポイント

　箇条4～10に示す要求事項は、上記の通り除外できないが、組織が採用

する管理策の照合先となる附属書Aの管理策については、すべてを網羅することは求められていない。リスクアセスメントから導かれた管理策が不足していると判断される場合には、附属書Aの管理策の中から採用することが望ましいが、組織オリジナルの管理策を追加、採用してもよい。

　図表2-1に、マネジメントシステム規格（Management System standard：MSS）のPDCAサイクルの例を示す。

〈図表2-1　適用範囲　PDCAサイクル〉

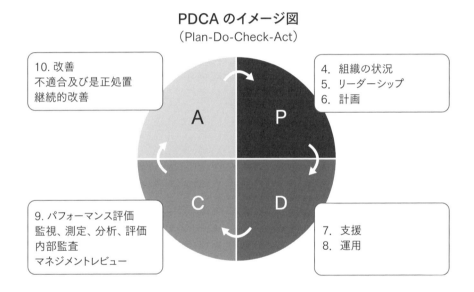

PDCA のイメージ図
（Plan-Do-Check-Act）

2 引用規格

2. 引用規格

　次に掲げる引用規格は、この規格に引用されることによって、その一部又は全部がこの規格の要求事項を構成している。この引用規格は、その最新版（追補を含む。）を適用する。

　JIS Q 27000 情報技術－セキュリティ技術－情報セキュリティマネジメントシステム－用語

　注記　対応国際規格における引用規格：ISO/IEC27000、Information technology － Security techniques － Information security management systems － Overview and vocabulary

●解釈と注意する点

　JIS Q 27000：2019（ISO/IEC27000：2018）は、ISMSの概要、ISMSファミリーで用いられる用語及び定義についてまとめた規格である。

審査員が教える運用のポイント

　JIS Q 27000：2019に記載されている用語及び定義は、次のように大別される。

　　○情報セキュリティに関する用語

　　○リスクマネジメントに関する用語

　　○マネジメントシステムに関する用語

　ISMSの構築・運用の際には、ISO/IEC27002：2022と併せて、ISMSの理解を深めるための重要な規格である。

3 用語及び定義

3. 用語及び定義

この規格で用いる主な用語及び定義は、JIS Q 27000による。

なお、ISO及びIECでは、標準化に使用するための用語のデータベースが次に公開されている。

− ISO Online browsing platform：https://www.iso.org/obp/ui

− IEC Electropedia：https://www.electropedia.org/

●解釈と注意する点

用語の定義は、JIS Q 27000：2019によるとして本規格では定義していない。正しい規格の理解のために「用語及び定義」を手元に置いて規格をご活用いただくようお願いしたい。

審査員が教える運用のポイント

本規格について、重要な事項の一つとして「リスク」がある。以下に、関連する用語とともに、考え方の例として**図表2-2**で示した。

【3.61リスク（risk）】目的（3.49）に対する不確かさの影響。

注記1：影響とは、期待されていることから好ましい方向、または好ましくない方向に乖離することを言う。

注記2：不確かさとは事象、その結果またはその起こりやすさに関する情報、理解または知識に、たとえ部分的にでも不備がある状態を言う。

注記3：リスクは起こり得る"事象"（JIS Q 0073：2010の3.5.1.3の定義を参照）、"結果"（JIS Q 0073：2010の3.6.1.3の定義を参照）、またはこれらの組み合わせについて述べることによりその特徴を示すことが多い。

注記4：リスクは、ある"事象"（その周辺状況の変化を含む）の結果

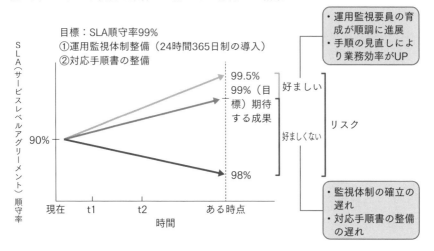

〈図表2-2　用語及び定義　3.61　リスク〉

リスク：目的に対する不確かさの影響
機　会：どういう状況や条件なら好ましい方向への結果となるか

とその発生の“起こりやすさ”（JIS Q 0073：2010の3.6.1.1の
定義を参照）との組み合わせとして表現されることが多い。

注記5：ISMSの文脈において、情報セキュリティリスクは、情報セキュ
リティ目的に対する不確かさの影響として表現することがあ
る。

注記6：情報セキュリティリスクは脅威が情報資産のぜい弱性、または
情報資産グループのぜい弱性につけ込み、その結果、組織に損
害を与える可能性に伴って生じる。

【3.49 目的（objective）】達成する結果。

注記1：目的は戦略的、戦術的、または運用的であり得る。

注記2：目的はさまざまな領域［例えば財務や安全衛生、環境の到達点
（goal）］に関連し得るものであり、さまざまな階層［例えば戦
略的レベルや組織全体、プロジェクト単位、製品ごと、プロセ
ス（3.54）ごと］で適用できる。

注記3：目的は、例えば意図する成果、目的（purpose）、運用基準など

別の形で表現することもできる。また、情報セキュリティ目的
という表現の仕方もあり、さらに同じような意味を持つ別の言
葉［例えば狙い（aim）や到達点（goal）、目標（target）］で表
すこともできる。

注記4：ISMSの場合、組織は特定の結果を達成するため、情報セキュ
リティ方針と整合のとれた情報セキュリティ目的を設定する。

【3.72 リスク対応（risk treatment）】リスク（3.61）を修正するプロセス
（3.54）。

注記1：リスク対応には次の事項を含むことがある。

－リスクを生じさせる活動を開始、または継続しないと決定することで
リスクを回避すること

－ある機会を追求するためにリスクをとる、または増加させること

－リスク源を除去すること

－起こりやすさ（3.40）を変えること

－結果（3.12）を変えること

－一つ以上の他者とリスクを共有すること（契約およびリスクファイナ
ンシングを含む）

－情報に基づいた選択によってリスクを保有すること

注記2：好ましくない結果に対処するリスク対応は"リスク軽減"、"リ
スク排除"、"リスク予防"、"リスク低減"と呼ばれることがあ
る。

注記3：リスク対応が新たなリスクを生み出したり、または既存のリス
クを修正したりすることがある。

（JIS Q 0073：2010の3.8.1を変更。注記1の"意思決定"を"選択"に
置き換えた。）

4 組織の状況

4.1 組織及びその状況の理解

　組織は、組織の目的に関連し、かつ、そのISMSの意図した成果を達成する組織の能力に影響を与える、外部及び内部の課題を決定しなければならない。

注記　これらの課題の決定とは、JIS Q 31000：2019［5］の5.4.1に記載されている組織の外部状況及び内部状況の確定のことをいう。

●解釈と注意する点

　課題については文書化の要求はないが、マネジメントシステムを構築する上で基本となる情報であるため、社内で何らかの情報共有の必要がある。課題を抽出する場としては、「経営会議」や「○○委員会」などで議論される場合もある。「9.3.2 マネジメントレビューへのインプット」のb)項に、「ISMSに関連する外部及び内部の課題」があるため、少なくともマネジメントレビューの結果としての情報が残ることとなる。

審査員が教える運用のポイント

①組織の"事業"とMSの乖離をなくすことが本項の目的の一つであり、そのための要求事項として4.1項〜4.3項が明文化されている。

②ISMSだけでなく、品質や環境などすべてのマネジメントシステムは、組織の目的達成を支援するためにあると言ってもいいだろう。情報セキュリティ上のマネジメントの側面を選択し、意図した成果を達成するために、本項があると言える。そのとき、マネジメントシステムは経営上の課題に対応するものでなければならず、まず"課題"を決定することが求められている。

③「組織の目的」とは、何のために活動しているのかを示す言葉である。

これは、組織自身が決定することだが、多くの組織が表明している“社会に価値を提供すること”、“社会貢献のため”などといった企業理念と、対象となる事業領域（ドメイン）が該当する。一方、マネジメントシステムの意図した成果とは、情報セキュリティマネジメントシステムの目指すものとなる。

④「課題」とは「組織として取り組み達成すべき事項」ととらえる。これは、「JIS Q 9023：2003マネジメントシステムのパフォーマンス改善－方針によるマネジメントの指針」における「重点課題」の定義から採用したものである。外部の課題とは外部要因に基づく課題、内部の課題とは内部要因に基づく課題ととらえる。「課題」は外部要因、内部要因が相互に影響するものであり、「外部課題」「内部課題」を識別して決定することを求めているのではない。

4.2 利害関係者のニーズ及び期待の理解

　組織は、次の事項を決定しなければならない。

ａ）ISMSに関連する利害関係者

ｂ）それらの利害関係者の、関連する要求事項

ｃ）それらの要求事項のうち、ISMSを通して取り組むもの

注記　利害関係者の要求事項には、法的及び規制の要求事項並びに契約上の義務を含める場合がある。

●解釈と注意する点

　適用範囲を決めるに当たっての考慮すべき事項の一つであるため、多くの利害関係者のニーズを検討することが望ましい。利害関係者のニーズは、社会情勢によって変化していくので、定期的（必要に応じて随時）に見直すことも必要である。

審査員が教える運用のポイント

①「利害関係者」とは、「ある決定事項又は活動に影響を与え得るか、その影響を受け得るか又はその影響を受けると認識している、個人又は組

織」と定義されている。一般的には、顧客、周辺住民、協力会社、株主、従業員などが利害関係者となる。

②組織は、多くの利害関係者との関わりによって、またそれらの期待やニーズを満たすことで維持、成長できている。また、事業環境はその規模や活動、製品、業種、形態を問わず刻々と変化している。したがって、組織は情報セキュリティマネジメントシステムに関係する利害関係者を特定し、その利害関係者の変化するニーズと期待を明確にしておかなければならない。

③関連する利害関係者を検討する場としては、課題を抽出する場と同様の場となるであろう。また、利害関係者の個別要求事項はマネジメントシステムの中で特定し、対応する機能を有する必要がある。

4.3 情報セキュリティマネジメントシステムの適用範囲の決定

組織は、ISMSの適用範囲を定めるために、その境界及び適用可能性を決定しなければならない。

この適用範囲を決定するとき、組織は、次の事項を考慮しなければならない。

a) 4.1に規定する外部及び内部の課題

b) 4.2に規定する要求事項

c) 組織が実施する活動と他の組織が実施する活動との間のインタフェース及び依存関係

ISMSの適用範囲は、文書化した情報として利用可能な状態にしなければならない。

●解釈と注意する点

情報の流れや物理的環境などを考慮して、利害関係者のニーズと組織の課題に応じた適用範囲となっているかがポイントとなる。適用範囲は文書化した情報とすることが求められており、「製品・サービス活動の範囲」「組織上での範囲の明示」「ネットワーク構成図などによる境界の明示」「敷地平面図」「フロア平面図」などというような表され方がある。

審査員が教える運用のポイント

①情報セキュリティマネジメントシステムの適用範囲とは、"製品・サービスに関する活動範囲"と地理的な所在地として定められる。

②適用範囲を定めるときには、4.1で規定した外部および内部の課題、4.2で規定した利害関係者の要求事項、を考慮することが求められる。言い換えると、情報セキュリティマネジメントシステムは組織が抱える課題解決、組織が応えたいと思う利害関係者のニーズと期待を考慮するということである。

③重要なことは、マネジメントシステムの適用範囲は情報セキュリティマネジメントシステムの意図した成果を得られる範囲で、かつ組織全体の目的に沿っている必要があり、情報セキュリティマネジメントシステムと経営実態を一体化するということである。

■クラウドサービス要求事項

4．要求事項

　組織は、次の要求事項に従って、クラウドサービス固有のリスクへの対応を自らのISMSの確立、実施、維持及び継続的改善の中に組み込まなければならない。カッコ【】内は、対応するJIS Q 27001の項番を示す。

（出典：一般財団法人 日本情報経済社会推進協会、「ISO/IEC27017：2015に基づくISMSクラウドセキュリティ認証に関する要求事項（JIP-ISMS517-1.0）」、2016年8月1日、p2）

審査員が教える運用のポイント

　クラウドセキュリティ認証は、ISMS認証が前提となっている。クラウドセキュリティ認証の認証基準となる「ISO/IEC：27017：2016」では、「1. 概要」にて「本文書は、クラウドサービスを含む情報セキュリティマネジメントシステム（以下、ISMSという）を確立し、実施し、維持し、継続的に改善するためのISMSクラウドセキュリティ認証のための要求事

項を提供する」とある。

　クラウドセキュリティ認証の要求事項は「JIP-ISMS517-1.0」によるものであり、前提となるISMS認証であるJIS Q 27001：2014（ISO/IEC27001：2013）、あるいはJIS Q 27001：2023（ISO/IEC27001：2022）にクラウドサービスにおける要求事項を組み込むことが求められている。

■クラウドサービス要求事項

> ### 4.1　クラウドサービスを含む情報セキュリティマネジメントシステムの適用範囲の決定【JIS Q 27001の4.3】
>
> 　組織は、クラウドサービスを含めたISMSの適用範囲を定めるために、その境界及び適用可能性を決定しなければならない。クラウドサービスを含めたISMSの適用範囲は、クラウドサービス名を含む文書化した情報として利用可能な状態にしておかなければならない。適用範囲を定める際、クラウドサービスプロバイダが自らのサービスを提供するに当たり、別のクラウドサービスを利用している場合は、クラウドサービスプロバイダ及びクラウドサービスカスタマの両方を適用範囲としなければならない。
>
> 　注記　ISO/IEC27017の箇条4では、クラウドサービスプロバイダの情報セキュリティ管理の対象は、クラウドサービスカスタマの情報セキュリティ対策のための情報提供や機能提供を含むものと規定されている。これに従い、クラウドサービスプロバイダは、リスクアセスメントの範囲にクラウドサービスカスタマとの関係を含めたリスク対応を検討することが必要である。
>
> （出典：一般財団法人 日本情報経済社会推進協会、「ISO/IEC27017：2015に基づくISMSクラウドセキュリティ認証に関する要求事項（JIP-ISMS517-1.0）」、2016年8月1日、p2）

（審査員が教える運用のポイント）

　ISMSの適用範囲にクラウドサービスを含め、クラウドサービス名を含

めた「文書化した情報として利用可能な状態」としておくことが求められている。ここで「利用可能な状態」とは、「文書として明確にし、いつでも確認できる状態のこと」である。クラウドサービスプロバイダとして、クラウドサービスを認証範囲とする場合、組織が別の組織のクラウドサービスを利用しているのであれば、適用範囲にクラウドサービスカスタマとしての要求事項も適用しなければならないことが求められている。

> ### 4.4　情報セキュリティマネジメントシステム
> 　組織は、この規格の要求事項に従って、必要なプロセス及びそれらの相互作用を含む、ISMS を確立し、実施し、維持し、かつ、継続的に改善しなければならない。

●解釈と注意する点
　本項の要求事項に基づき、何かしなければならないということではないが、4.1項、4.2項に基づいて適用範囲を決め、ISMS を確立し、維持し、継続的に改善するという情報マネジメントシステム全体の枠組みを示している。

審査員が教える運用のポイント
　「この規格」とは、ISO/IEC27001：2022である。「この規格の要求事項に従って」とは、ISO/IEC27001：2022の要求事項に適合すると読み取れる。組織はISO/IEC27001：2022の要求事項に適合するISMSを確立し、実施し、維持し、かつ継続的に改善することが求められる。

<箇条4　改定のポイント・差分>
・4.1の改定は、参照規格ISO31000の改定に伴うものである。
・4.2、4.4の改定は、最新のMSS（共通テキスト）の反映によるものである。
・いずれの改定も要求事項としては大きな影響はない。

5 リーダーシップ

5.1　リーダーシップ及びコミットメント

　トップマネジメントは、次に示す事項によって、ISMSに関するリーダーシップ及びコミットメントを
　実証しなければならない。

a）情報セキュリティ方針及び情報セキュリティ目的を確立し、それらが組織の戦略的な方向性と両立することを確実にする。

b）組織のプロセスへのISMS要求事項の統合を確実にする。

c）ISMSに必要な資源が利用可能であることを確実にする。

d）有効な情報セキュリティマネジメント及びISMS要求事項への適合の重要性を伝達する。

e）ISMSがその意図した成果を達成することを確実にする。

f）ISMSの有効性に寄与するよう人々を指揮し、支援する。

g）継続的改善を促進する。

h）その他の関連する管理層がその責任の領域においてリーダーシップを実証するよう、管理層の役割を支援する。

注記　この規格で“事業”という場合、それは、組織の存在の目的の中核となる活動という広義の意味４で解釈され得る。

●解釈と注意する点

　ISMSにおけるさまざまな活動が実施されるに当たり、トップマネジメントの果たすべき役割は最も重要である。

　ISMSの確立や実施、運用、維持などに関与し、組織として情報セキュリティ実施責任を利害関係者へ宣言（コミットメント）することは、執行権限を持ったトップマネジメントだけがその実施を許されるからである。

　トップマネジメントは、必ずしも社長や役員である必要はない。適用範囲内においてその組織を最高位で指揮し、管理し、資源を提供できる権限

を有する個人や人々の集まりをトップマネジメントと言う。

　トップマネジメントの積極的なリーダーシップとコミットメントは ISMS 推進の原動力であり、従業員などの関係者の意識向上を図るための必要不可欠な要素である。本項では、トップマネジメントが、どのような事項においてリーダーシップとコミットメントを実証しなければならないのかについて定めている。

審査員が教える運用のポイント

①「リーダーシップ及びコミットメントを実証する」とは、トップマネジメントが指導力を発揮し、自らの責任においてやり遂げることである。例えば、常にトップ自らが、自組織の情報セキュリティマネジメントシステムに関して"積極的に発言する"とか、"率先して実行する""具体的な指示を出す"などが一例である。

②「情報セキュリティ方針及び情報セキュリティ目的を確立し、それらが組織の戦略的な方向性と両立する」とは、組織が 4.1 で言及した組織の目的から導かれた"戦略的な方向性"と、整合の取れた情報セキュリティ方針および情報セキュリティ目的を確立するということである。

③「組織のプロセス」とは、組織が事業を行うに当たって必要不可欠な業務のことである。「情報セキュリティマネジメントシステム要求事項の統合」とは、本業のプロセスのほかに情報セキュリティマネジメントシステム規格のためのプロセスをつくるような二重管理をするのではなく、組織の本業にマネジメントシステムを構築する上で必要な新たなプロセス、または管理があればそれらを組み入れることを意味している。これは、情報セキュリティマネジメントシステム規格要求事項を、組織のビジネスの流れに基づいたプロセスの中に組み込み、統合一体化して初めて有効に機能するとの狙いがある。

④情報セキュリティマネジメントは包括的な目的・成果をイメージし、情報セキュリティマネジメントシステム要求事項への適合は、それを実現するための手段であると言える。「有効な情報セキュリティマネジメント及び情報セキュリティマネジメントシステム要求事項への適合の重要

性を伝達する」とは、トップマネジメント自身がこれらを理解し、重要性を示すことである。

⑤トップマネジメントのリーダーシップおよびコミットメントを実証するものが並列的に挙げられているが、すべては「情報セキュリティマネジメントシステムがその意図した成果を達成することを確実にする」のために必要な事項であると言えよう。

5.2 方針

トップマネジメントは、次の事項を満たす情報セキュリティ方針を確立しなければならない。

a）組織の目的に対して適切である。

b）情報セキュリティ目的（6.2参照）を含むか、又は情報セキュリティ目的の設定のための枠組みを示す。

c）情報セキュリティに関連する適用される要求事項を満たすことへのコミットメントを含む。

d）ISMSの継続的改善へのコミットメントを含む。

情報セキュリティ方針は、次に示す事項を満たさなければならない。

e）文書化した情報として利用可能である。

f）組織内に伝達する。

g）必要に応じて、利害関係者が入手可能である。

●解釈と注意する点

ここでは、組織の事業目的に沿った情報セキュリティ方針を策定することが求められている。また後述の6.2 a）では、情報セキュリティ目的は情報セキュリティ方針と整合することが求められている。

審査員が教える運用のポイント

①方針とは「トップマネジメントによって正式に表明された、組織の意図及び方向付け」と定義されている。情報セキュリティマネジメントシス

テムを実施するためのよりどころ、いわば羅針盤の役割を果たすものと言える。

② 「組織の目的に対して適切である」とは、4.1で言及した組織の目的に対して適切ということである。

③ 「情報セキュリティ目的の設定のための枠組みを示す」とは、「それを読めば、どのような情報セキュリティ目的を設定すればよいかがわかる記載を方針に表現する」ことである。

④ 「適用される要求事項を満たすことへのコミットメントを含む」「情報セキュリティマネジメントシステムの継続的改善へのコミットメントを含む」は、それぞれ方針の中で明快に公約することを意味する。

⑤ 文書化した情報セキュリティ方針は組織内に周知され、常に参照でき、必要に応じて利害関係者が入手できるようにしなければならない。

5.3　組織の役割、責任及び権限

　トップマネジメントは、情報セキュリティに関連する役割に対して、責任及び権限が割り当てられ、組織内に伝達されることを確実にしなければならない。

　トップマネジメントは、次の事項に対して、責任及び権限を割り当てなければならない。

a) ISMSが、この規格の要求事項に適合することを確実にする。

b) ISMSのパフォーマンスをトップマネジメントに報告する。

注記　トップマネジメントは、ISMSのパフォーマンスを組織内に報告する責任及び権限を割り当てることも可能である。

●解釈と注意する点

　本項では、ISMSにおける役割、責任、権限を明確にし、これを割り当て、各従業員に伝えることが求められている。組織が自らの情報セキュリティ目的に向かって活動するためには、役割を決め、それに対する責任と権限を割り当てることは重要で、割り当てた役割や権限を組織内に周知することが不可欠である。

①これまで多くのマネジメントシステム規格で、"管理責任者"に割り当てられたのは責任と権限である。必ずしも"管理責任者"という名称を使用する必要はないが、a)、b)を割り当てた個人（複数可）は特定すべきである。

②パフォーマンスとは定義にあるように「測定可能な結果」であり、例えばマネジメントレビューにおけるインプット情報などが該当する。

＜箇条5　改定のポイント・差分＞

・5.1、5.3の改定は、最新のMSS（共通テキスト）の反映によるものである。

・いずれの改定も要求事項としては大きな影響はない。

6 計画策定

6.1　リスク及び機会に対処する活動

6.1.1　一般

　ISMSの計画を策定するとき、組織は、4.1に規定する課題及び4.2に規定する要求事項を考慮し、次の事項のために対処する必要があるリスク及び機会を決定しなければならない。

a）ISMSが、その意図した成果を達成できることを確実にする。

b）望ましくない影響を防止又は低減する。

c）継続的改善を達成する。

　組織は、次の事項を計画しなければならない。

d）上記によって決定したリスク及び機会に対処する活動

e）次を行う方法

　1）その活動のISMSプロセスへの統合及び実施

　2）その活動の有効性の評価

●**解釈と注意する点**

①「ISMSの計画を策定する」とは、情報セキュリティマネジメントシステムの構築のみならず、変更も含む。情報セキュリティマネジメントシステムの構築と変更に当たっては、箇条4で明らかにした内外の課題と利害関係者の要求事項を考慮するとともに、不確実性を常に念頭に置き、取り組むべきリスクと機会を明らかにする必要がある。

②リスクとは、「目的に対する不確かさの影響」と定義されている。また影響とは、「期待されていることから好ましい方向、または好ましくない方向に乖離すること」とされている。すなわち、リスクにはプラス面の影響も含まれている。しかし、リスクという言葉は一般的にマイナスイメージで使われており、プラス面も強調する意味で「リスク及び機会」と表現していると解釈する。

③これまでの多くのマネジメントシステム規格では、"望ましくない影響を防止又は低減する"という観点での予防処置があった。これはPDCAサイクルのA（改善）に位置づけられていたが、「リスク」への対応はマネジメントシステムの計画時（P）に考慮すべき事項である。

③本項では、"望ましくない影響を防止又は低減する"に加えて"マネジメントシステムの意図した成果へ影響"、"継続的改善"にも視点を置き、「リスク及び機会（不確定要素）」に対応できるマネジメントシステムを計画することを求めている。

④「リスク及び機会」の取り組みは、その「有効性の評価」もあらかじめ計画する必要がある。

審査員が教える運用のポイント

　本項では、マネジメントシステム運営の面での「リスク」と「機会」について検討が必要となる。情報に対するリスクの分析と対応の方法については、次の箇条6.1.2と6.1.3で詳細に決定する。

　「リスク及び機会」は「リスク」と「機会」を分けて検討することは求められておらず、一体のものとして検討することも可能である。どのような「リスク及び機会」が決定されたかについては経営者の頭の中にだけあってもよいが、効果的な運用のためには情報として利用できるようにする工夫が欲しい。

6.1.2　情報セキュリティリスクアセスメント

　組織は、次の事項を行う情報セキュリティリスクアセスメントのプロセスを定め、適用しなければならない。

a）次を含む情報セキュリティのリスク基準を確立し、維持する。

　1）リスク受容基準

　2）情報セキュリティリスクアセスメントを実施するための基準

b）繰り返し実施した情報セキュリティリスクアセスメントが、一貫性及び妥当性があり、かつ、比較可能な結果を生み出すことを確実にする。

c）次によって情報セキュリティリスクを特定する。

　1）ISMSの適用範囲内における情報の機密性、完全性及び可用性
　　の喪失に伴うリスクを特定するために、情報セキュリティリス
　　クアセスメントのプロセスを適用する。

　2）これらのリスク所有者を特定する。

d）次によって情報セキュリティリスクを分析する。

　1）6.1.2 c）1）で特定されたリスクが実際に生じた場合に起こり
　　得る結果についてアセスメントを行う。

　2）6.1.2 c）1）で特定されたリスクの現実的な起こりやすさにつ
　　いてアセスメントを行う。

　3）リスクレベルを決定する。

e）次によって情報セキュリティリスクを評価する。

　1）リスク分析の結果と6.1.2 a）で確立したリスク基準とを比較
　　する。

　2）リスク対応のために、分析したリスクの優先順位付けを行う。

　　組織は、情報セキュリティリスクアセスメントのプロセスについて
の文書化した情報を保持しなければならない。

●**解釈と注意する点**

①情報セキュリティリスクアセスメントの対象は、6.1.1項が示している
4.1項（内外の課題）及び4.2項（利害関係者のニーズ及び期待）から理
解されていくため、"情報資産"は当然として、内外の課題や利害関係
者のニーズや期待に関する"もの"が対象となり得る。そのために、
6.1.2項では、a）～e）の一連の流れで情報セキュリティリスクアセスメ
ントが構成されている。まず、リスクアセスメント方法のベース部分を
a）とb）で示し、次にc）、d）、e）で各ステップを順に示している。
6.1.2a）はリスク基準、すなわちリスクの重大性を評価するための目安
とする条件に関する要求事項である。リスク受容基準と情報セキュリ
ティリスクアセスメントを実施するための基準を含める必要があり、そ
のリスク基準によって、繰り返し実施した情報セキュリティリスクアセ

スメントが一貫性と妥当性があり、かつ比較可能な結果を生み出す必要がある。属人的あるいは裁量的なリスクアセスメント方法だけでは「一貫性」および「妥当性」、かつ「比較可能」の観点からリスクがあり得る。リスクアセスメントの対象を何にするかは組織が決めた手順による。

②6.1.2 c）はリスク特定、すなわちリスクを発見し、認識し、記述するプロセスに関する要求事項である。リスク特定の対象は、6.2.1 a）項の通り組織のリスク基準によって導かれ、その対象に関連して情報の機密性（C）、完全性（I）、可用性（A）の喪失に伴うリスクが特定される。

③6.1.2 d）はリスク分析、すなわちリスクの特質を理解し、リスクレベルを決定するプロセスに関する要求事項である。「実際に生じた場合に起こり得る結果」と「現実的な起こりやすさ」についてアセスメントされる。

④6.1.2項で情報セキュリティリスクアセスメントのプロセスを確立し、その実施は8.2項に関連する。

審査員が教える運用のポイント

　組織の情報セキュリティについてのリスクアセスメント方法の決定が要求されている。リスクアセスメントの具体的な方法については規格では明示していないが、事業プロセス（例えば営業プロセスやサービス提供プロセス、外注管理プロセスなど）に応じて情報の動きをとらえ、リスクアセスメントを行うことが望ましい。

　リスクアセスメントの方法は、資産の洗い出しを行い、資産台帳からリスクアセスメントするケースもあるが、資産のライフサイクル（情報の持つ機密性が必要な期間）も考慮する必要がある。また、さまざまなプロセスに意志を持った人間の動きが介在しているということも、アセスメントの際のポイントの一つである。

6.1.3　情報セキュリティリスク対応

　組織は、次の事項を行うために、情報セキュリティリスク対応のプロセスを定め、適用しなければならない。

ａ）リスクアセスメントの結果を考慮して、適切な情報セキュリティ
　　リスク対応の選択肢を選定する。

ｂ）選定した情報セキュリティリスク対応の選択肢の実施に必要な全
　　ての管理策を決定する。

注記1　組織は、必要な管理策を設計するか、又は任意の情報源の中
から管理策を特定することが可能である。

　ｃ）6.1.3ｂ）で決定した管理策を附属書Aに示す管理策と比較し、
必要な管理策が見落とされていないことを検証する。

注記2　附属書Aは、考えられる情報セキュリティ管理策のリストで
ある。この規格の利用者は、必要な情報セキュリティ管理策の見落と
しがないことを確実にするために、附属書Aを参照することが求めら
れている。

注記3　附属書Aに規定した情報セキュリティ管理策は、全てを網羅
していない。必要な場合は、追加の情報セキュリティ管理策を含める
ことが可能である。

ｄ）次を含む適用宣言書を作成する。

　－必要な管理策［6.1.3のｂ）及びｃ）参照］

　－それらの管理策を含めた理由

　－それらの必要な管理策を実施しているか否か

　－附属書Aに規定する管理策を除外した理由

ｅ）情報セキュリティリスク対応計画を策定する。

ｆ）情報セキュリティリスク対応計画及び残留している情報セキュリ
　　ティリスクの受容について、リスク所有者の承認を得る。

　組織は、情報セキュリティリスク対応のプロセスについての文書化
した情報を保持しなければならない。

注記4　この規格の情報セキュリティリスクアセスメント及びリスク
対応のプロセスは、JIS Q 31000［5］に規定する原則及び一般的な
指針と整合している。

●解釈と注意する点

①6.1.3項は、6.1.2項の一連の流れにある。リスクアセスメントおよびリスク対応と、10.1項の不適合と是正処置とは着目ポイントの一つである。双方の概念として考慮すべきは、リスクには不確かさ（プラスもマイナスも）があるが、不適合には確かなもの（マイナスのみ）しかない。つまり、マイナスのリスクには不確かさはあるものの、まだ不適合ではないと理解される。6.1.3項には、大きなセキュリティホール（ぜい弱性）を管理策の適用によって小さくする（リスク低減）ことが意図されるが、10.1項の是正処置は低減ではなく原因除去であり、確実に再発しないことへの理解が求められる。2013年版で削除された予防処置は、このリスク対応に包含される。また、10.1項の是正処置で決定した管理策も、内部から得られたリスク対応の一つとして考慮される。

②6.1.3 a）の「リスクアセスメントの結果」は、8.2項の「情報セキュリティリスクアセスメント結果の文書化した情報」に関連する。

③6.1.3 b）には、「組織は、必要な管理策を設計するか、又は任意の情報源の中から管理策を特定することができる」との注記があり、附属書A自体をベースにした管理策だけを適用することを意図しておらず、必要な管理策を内部で設計するか、任意の情報源（規格、法規制、契約など）から特定することが求められている。

④6.1.3 c）には、「附属書Aは、考えられる情報セキュリティ管理策のリストである。この規格の利用者は、必要な情報セキュリティ管理策の見落としがないことを確実にするために、附属書Aを参照することが求められている」「附属書Aに規定した情報セキュリティ管理策は、全てを網羅してはいないため、必要な場合は、追加の情報セキュリティ管理策を含めることが可能である」との注記がある。

⑤6.1.3 d）「適用宣言書」には、「必要な管理策」と「それらの管理策を含めた理由」「それらの管理策を実施しているか否か」「附属書Aに規定する管理策を除外した理由」が含まれる。

⑥6.1.3 e）「情報セキュリティリスク対応計画」は、8.3項の「情報セキュリティリスク対応計画」に関連する。また、6.2項の情報セキュリティ

　目的と、それを達成するための計画策定と包含してもよい。

⑦6.1.3 f）情報セキュリティリスクは残留しているが受容する場合、リスクレベルに応じて然るべき階層や部門のリスク所有者から承認される。

審査員が教える運用のポイント

　リスクアセスメント結果から得られた「必要な管理策」をまず検討し、その後に附属書Ａと比較して足りない管理策を追加するなど、参考となるベストプラクティスとして附属書Ａを活用することが望ましい。附属書Ａをベースに適用宣言書を先行し作成すると、リスクアセスメント結果から得られていない管理策も選択され、事業プロセスや業務プロセス、情報に合わないことにもなりかねないので注意したい。

■クラウドサービス要求事項

4.2　ISO/IEC27017の規格に沿ったクラウド情報セキュリティ対策の実施

注記：JIS Q 27001は、組織の状況の下でISMSを確立し、実施し、維持し、継続的に改善するための要求事項を規定している。また、組織のニーズに応じて調整した情報セキュリティのリスクアセスメント及びリスク対応を行うための要求事項について規定している。

（出典：一般財団法人 日本情報経済社会推進協会、「ISO/IEC27017:2015に基づくISMSクラウドセキュリティ認証に関する要求事項（JIP-ISMS517-1.0）」、2016年8月1日、p3）

審査員が教える運用のポイント

　クラウドサービスの情報セキュリティ対策は、「ISO/IEC27017」に沿ったものでなければならないことが求められている。

■クラウドサービス要求事項

4.2.1　情報セキュリティリスクアセスメント【JIS Q 27001の6.1.2 c)】

　組織は、次の事項を行う情報セキュリティリスクアセスメントのプロセスを定め、適用しなければならない。

　c) 次によって情報セキュリティリスクを特定する。

　1) ISMSの適用範囲内におけるクラウドサービスに関する情報の機密性、完全性及び可用性の喪失に伴うリスクを特定するために、情報セキュリティリスクアセスメントのプロセスを適用する。

　2) これらのリスク所有者を特定する。

（出典：一般財団法人 日本情報経済社会推進協会、「ISO/IEC27017：2015に基づくISMSクラウドセキュリティ認証に関する要求事項（JIP-ISMS517-1.0)」、2016年8月1日、p3)

審査員が教える運用のポイント

　クラウドサービスについて、ISMSのリスクアセスメントプロセスに組み込まなければならないことが求められている。

■クラウドサービス要求事項

4.2.2　情報セキュリティリスク対応【JIS Q 27001の6.1.3】

　組織は、次の事項を行うために、情報セキュリティリスク対応のプロセスを定め、適用しなければならない。

　a) ISMSの適用範囲内におけるクラウドサービスのリスクアセスメントの結果を考慮して、適切な情報セキュリティリスク対応の選択肢を選定する。

　b) 選定した情報セキュリティリスク対応の選択肢の実施に必要な全ての管理策を決定する。

　c) 4.2.2b) で決定した管理策をJIS Q 27001の附属書A及びISO/

IEC27017に示す管理策と比較し、必要な管理策が見落とされ
ていないことを検証する。

ｄ）次を含む適用宣言書を作成する。

－必要な管理策［4.2.2のb）及びc）参照］

－それらの管理策を含めた理由

－それらの必要な管理策を実施しているか否か

－JIS Q 27001の附属書A及びISO/IEC27017に示す管理策を除
　外した理由

注記1　ISO/IEC27017に示す管理策には、ISO/IEC27017の本文
に実施の手引が示されている管理策、及びISO/IEC27017の附属書
Aの管理策が含まれる。

注記2　クラウドセキュリティに基づくリスク分析の結果に基づい
て、ISO/IEC27017に記載されている実施の手引を参照し、クラウ
ドサービス固有のリスクに対する管理策として、必要な事項を選択
し、実施する。

注記3　ISO/IEC27017に示す管理策は、クラウドサービスプロバ
イダ及びクラウドサービスカスタマに対する固有の管理策であるた
め、原則は全ての管理策の評価を実施することとなる。ただし、サー
ビスの種類によって、管理策が存在しない場合には、適用除外するこ
とができる。

（出典：一般財団法人 日本情報経済社会推進協会、「ISO/IEC27017：2015に基づ
くISMSクラウドセキュリティ認証に関する要求事項（JIP-ISMS517-1.0）」、2016
年8月1日、p3）

審査員が教える運用のポイント

　クラウドサービスについてのリスク対応として、JIS Q 27001の附属書
Aに加え、ISO/IEC27017に示されている管理策も対象とすることが求め
られている。また、適用宣言書においても、JIS Q 27001の附属書Aに加
え、ISO/IEC27017に示されている管理策も対象とすることが求められて
いる。

図表2-4に、クラウドサービスを含めた適用宣言書の例を示す（出典：
一般財団法人 日本情報経済社会推進協会、「ISO/IEC27017:2015に基づく
ISMSクラウドセキュリティ認証に関する要求事項（JIP–ISMS517-1.0）」、
2016年8月1日、p3）。

〈図表2-4　適用宣言書（SoA）〉

適用宣言書（カスタマ/プロバイダ）[*1]

[*1] いずれか、もしくは両方に○。
[*2] ISO/IEC27017に実施の手引が示されている管理策

管理策	管理策を含めた理由	27001[管理策]の実施の可否	27017[管理策[*2]]の実施の可否		除外理由
			カスタマ	プロバイダ	
ISO/IEC27001：2013 附属書A					
A.5.1 情報セキュリティのための方針群					
A.5.1.1 情報セキュリティのための方針群	・〜のため	○	○	○	
A.5.1.2 情報セキュリティのための方針群のレビュー	・〜のため	○	－	－	27017には追加の実施の手引なし
A.6.1 内部組織					
A.6.1.1 情報セキュリティの役割及び責任	・〜のため	○	○	○	
A.6.1.2 職務の分離	・〜のため	○	－	－	27017には追加の実施の手引なし
A.6.1.3 関係当局との連絡	・〜のため	○	○	○	
A.6.1.4 専門組織との連絡	・〜のため	○	－	－	27017には追加の実施の手引なし
A.6.1.5 プロジェクトマネジメントにおける情報セキュリティ	・〜のため	○	－	－	27017には追加の実施の手引なし
A.6.2 モバイル機器及びテレワーキング					
A.6.2.1 モバイル機器の方針	・〜のため	○	－	－	27017には追加の実施の手引なし
A.6.2.2 テレワーキング	・〜のため	○	－	－	27017には追加の実施の手引なし
（中略）					
A.9.1 アクセス制御に対する業務上の要求事項					
A.9.1.1 アクセス制御方針	・〜のため	○	－	－	27017には追加の実施の手引なし
A.9.1.2 ネットワーク及びネットワークサービスへのアクセス	・〜のため	○	○	－	クラウドサービスプロバイダに対しては、27017には追加の実施の手引なし

A.9.2 利用者のアクセスの管理					
A.9.2.1 利用者登録及び登録削除	・～のため	○	－	○	クラウドサービスカスタマに対しては、27017には追加の実施の手引なし
A.9.2.2 利用者アクセスの提供	・～のため	○	－	○	クラウドサービスカスタマに対しては、27017には追加の実施の手引なし
A.9.2.3 特権的アクセス権の管理	・～のため	○	×*	○	カスタマ：27001では・・・だが、27017ではxxxであるため。
A.9.2.4 利用者の秘密認証情報の管理	・～のため	○	×*	×*	カスタマ：27001では・・・だが、27017ではxxxであるため。プロバイダ：27001では・・・だが、27017ではxxxであるため。
A.9.2.5 利用者アクセス権のレビュー	・～のため	○	－	－	27017には追加の実施の手引なし
A.9.2.6 アクセス権の削除又は修正	・～のため	○	－	－	27017には追加の実施の手引なし
（中略）					
ISO/IEC27017：2015 附属書A					
CLD.6.3 クラウドサービスカスタマとクラウドサービスプロバイダとの関係					
CLD.6.3.1 クラウドコンピューティング環境における役割及び責任の共有及び分担	・～のため	－	○	○	
CLD.8.1 資産に対する責任					
CLD.8.1.5 クラウドサービスカスタマの資産の除去	・～のため	－	×*	○	カスタマ：27017ではxxxであるため。
（中略）					
その他の管理策					

＊ ISO/IEC27017に示す管理策は、クラウドサービスプロバイダ及びカスタマに対する固有の管理策であるため、原則は全ての管理策の評価を実施することとなるが、クラウドサービスの種類によっては、管理策が存在しない場合がある。そのような場合は、管理策を適用除外することができる。（出典：一般財団法人 日本情報経済社会推進協会、「ISO/IEC27017：2015に基づくISMSクラウドセキュリティ認証に関する要求事項（JIP-ISMS517-1.0)」、2016年8月1日、p7-9)

6.2 情報セキュリティ目的及びそれを達成するための計画策定

組織は、関連する機能及び階層において、情報セキュリティ目的を確立しなければならない。

情報セキュリティ目的は、次の事項を満たさなければならない。

a）情報セキュリティ方針と整合している。

b）（実行可能な場合）測定可能である。

c）適用される情報セキュリティ要求事項、並びにリスクアセスメント及びリスク対応の結果を考慮に入れる。

d）これを監視する。

e）これを伝達する。

f）必要に応じて、更新する。

g）文書化した情報として利用可能な状態にする。

組織は、情報セキュリティ目的に関する文書化した情報を保持しなければならない。

組織は、情報セキュリティ目的をどのように達成するかについて計画するとき、次の事項を決定しなければならない。

h）実施事項

i）必要な資源

j）責任者

k）達成期限

l）結果の評価方法

●解釈と注意する点

①「6.1 リスク及び機会への取り組み」に続いて「6.2 情報セキュリティ目的及びそれを達成するための計画策定」としており、システムの体系上、組織が取り組むべき「リスク及び機会」として決定した事項を考慮し、情報セキュリティ目的とそれを達成するための計画策定を行うことになる。

②目的は関連する部門や階層において文書化して設定し、方針と整合性がとれ、必要に応じて要求事項への適合を考慮した内容となっている必要

がある。

③目的は、達成度の測定が可能なものが望ましく、その進捗状況は監視を行わなければならない。

④目的は設定時から展開中の実績、最終実績などが必要な組織の範囲に伝達され、その状況に応じて目的自体の更新を行わなければならない。

⑤目的を達成するための計画は「実施事項」「必要な資源」「責任者」「達成期限」「結果の評価方法」を明確にし、作成する。

審査員が教える運用のポイント

本項の「情報セキュリティ目的」は、「情報セキュリティ目標」と読み換えてもよい。事業の進捗管理や人事制度上の管理として何らかの「目標管理」を行っていることも多く、それらの計画と連動した形で、組織の戦略的方向性と「情報セキュリティ目標」を一致させることが望ましい。

また、複数のマネジメントシステムを運用している場合には、例えば「品質目標」「環境目標」と併せて、「情報セキュリティ目標」を同一様式上で管理することも可能である。**図表2-3**は、方針から展開された目標管理の例を示したものである。

6.3　変更の計画策定

組織がISMSの変更の必要があると決定したとき、その変更は、計画的な方法で行わなければならない。

●解釈と注意する点

情報セキュリティマネジメントシステムの運用をしていると、必要な変更を管理する場合があり得る。組織は、その"変更の目的や根拠"や"変更の実施に当たっての計画"について、説明できるようにしておくことが望まれる。

審査員が教える運用のポイント

本項は、今回の規格改定で新規要求事項として追加された。ISMSの変

〈図表2-3　方針からの展開された目標管理の図〉

情報セキュリティ目的（目標）の確立の例

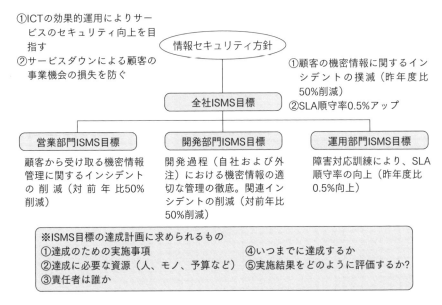

①ICTの効果的運用によりサービスのセキュリティ向上を目指す
②サービスダウンによる顧客の事業機会の損失を防ぐ

情報セキュリティ方針

①顧客の機密情報に関するインシデントの撲滅（昨年度比50%削減）
②SLA順守率0.5%アップ

全社ISMS目標

営業部門ISMS目標
顧客から受け取る機密情報管理に関するインシデントの削減（対前年比50%削減）

開発部門ISMS目標
開発過程（自社および外注）における機密情報の適切な管理の徹底。関連インシデントの削減（対前年比50%削減）

運用部門ISMS目標
障害対応訓練により、SLA順守率の向上（昨年度比0.5%向上）

※ISMS目標の達成計画に求められるもの
①達成のための実施事項
②達成に必要な資源（人、モノ、予算など）
③責任者は誰か
④いつまでに達成するか
⑤実施結果をどのように評価するか?

更を行う場合、計画的に行うことが求められている。

＜箇条6　改定のポイント・差分＞

・6.1.3の改定は、注記については管理策から「管理目的」が削除されたことによる文言の削除である。また、d）の改定は、正誤表の反映によるものである。

・6.2、6.3の改定は、最新のMSS（共通テキスト）の反映によるものである。

・6.2 g）については、「利用可能な状態」とは「文書として明確にし、いつでも確認できる状態のこと」であり、要求事項としては追加となったが、通常の文書管理状態であれば「利用可能な状態」であり、大きな影響はない。

・また、6.3については、「ISMSの変更を行う場合、計画的に行うべき」であり、要求事項として追加となっているが、6.1にてISMSの変更を含めた計画となっていることから、要求事項としては大きな影響はない。

7 支援

7.1　資源

　組織は、ISMSの確立、実施、維持及び継続的改善に必要な資源を決定し、提供しなければならない。

●**解釈と注意する点**

①情報セキュリティマネジメントシステムの確立や実施、維持、その継続的改善のために必要な資源とは、一般に人的資源や専門的技能、技術、インフラストラクチャ、プロセス環境、情報などが該当する。

②これらの必要な資源が何であるかを箇条6、箇条8の計画の段階、箇条9、箇条10の活動を通じて明確にし、提供することになる。

審査員が教える運用のポイント

　必要な時点において、資源を利用可能としておかなければならないことが資源の提供で最も留意しなければならない点である。各資源の必要性の把握や将来の必要性の見通しを行い、準備しておくことがポイントである。

7.2　力量

　組織は、次の事項を行わなければならない。

a）組織の情報セキュリティパフォーマンスに影響を与える業務をその管理下で行う人（又は人々）に必要な力量を決定する。

b）適切な教育、訓練又は経験に基づいて、それらの人々が力量を備えていることを確実にする。

c）該当する場合には、必ず、必要な力量を身に付けるための処置を講じ、講じた処置の有効性を評価する。

d）力量の証拠として、適切な文書化した情報を保持する。

注記　適用される処置には、例えば、現在雇用している人々に対す

る、教育訓練の提供、指導の実施、配置転換の実施などがあり、また、力量を備えた人々の雇用、そうした人々との契約締結などもあり得る。

●解釈と注意する点

①ここでの要求は、情報セキュリティマネジメントシステムのパフォーマンスに影響を与える業務を特定し、この業務に必要な力量を明確にし、その力量を入手（確保）することである。

②情報セキュリティマネジメントシステムのパフォーマンスとは、"マネジメントシステムの意図した成果"であり、適用するマネジメントシステムによってその対象業務と必要な力量は異なる。

③以下の活動が要求されている。PDCAプロセスである。

　○情報セキュリティマネジメントシステムのパフォーマンスに影響を与える業務を具体的に特定する。

　○当該業務に従事する要員の力量を、教育・訓練か経験に基づいて評価する。

　○力量が不足している場合には"必要な力量を入手する処置"をとる。具体的には、"注記"に示す処置である。

　○処置を行った後には、その処置の有効性を評価する。ここでの"有効性の評価"とは、実施した処置によって"必要な力量を入手できたかどうか"である。

　○この力量の入手の証拠を特定して維持する。

審査員が教える運用のポイント

　力量とは「意図した結果を達成するために、知識及び技能を適用する力量」とISO27000では定義されている。

　つまり、ISMSに関して割り当てられた責任に必要な知識や技能があるだけでなく、実施できることも含めて備えていることを表している。

　力量を備えるための教育・訓練や的確な要員の雇用などの処置に対して、その処置が有効であったかどうかを評価し記録することが求められて

いる。また、すべての要員がISMSに関する認識を持つための手順が明確になっていること、職務内容と責任・権限に対応した力量を具体的に示し、力量の有無の判断基準を定める必要がある。

7.3　認識

　組織の管理下で働く人々は、次の事項に関して認識をもたなければならない。

a）情報セキュリティ方針

b）情報セキュリティパフォーマンスの向上によって得られる便益を
　含む、ISMSの有効性に対する自らの貢献

c）ISMS要求事項に適合しないことの意味

●**解釈と注意する点**

①"組織の管理下で働く人々"とは、雇用形態に関わりなく情報セキュリティマネジメントシステムに関する業務を行う人である。

②"認識"というのは、単に"知っている"ということではなく、"その本質や意義を理解し、自己の活動に置き換える"ことである。したがって、該当する要員が以下を理解し、自らがとるべき行動を自覚できていることが必要となる。

〇情報セキュリティ方針

〇情報セキュリティパフォーマンスの向上によって得られる便益を含む、情報セキュリティマネジメントシステムの有効性に対する自らの貢献

〇情報セキュリティマネジメントシステム要求事項に適合しないことの意味

審査員が教える運用のポイント

　情報セキュリティについての自らの活動とその重要性を認識するためには、トップマネジメントの情報セキュリティ方針に対する基本的な考え方を示した情報セキュリティ方針を認識しておく必要がある。適用範囲およ

び関連する要員は、自らの業務がISMSに対してどのように寄与できるか、逸脱した場合にどのような影響がもたらされるのかを認識しておくことが求められている。

7.4　コミュニケーション

　組織は、次の事項を含む、ISMSに関連する内部及び外部のコミュニケーションを実施する必要性を決定しなければならない。

a）コミュニケーションの内容
b）コミュニケーションの実施時期
c）コミュニケーションの対象者
d）コミュニケーションの方法

●解釈と注意する点

①コミュニケーションには必ず相手があり、組織内外で必要とするコミュニケーションの内容や手段も異なってくる。

②これらを踏まえて、情報セキュリティマネジメントシステムに関連する内部・外部のコミュニケーションの必要性を決定する。外部とは、4.2項の"情報セキュリティマネジメントシステムに関連する利害関係者"を念頭に置く必要がある。

③その上で必要と決定したコミュニケーションのそれぞれについて、「何を伝達するかというコミュニケーションの内容」「コミュニケーションの実施時期」「コミュニケーションの対象者」「コミュニケーションの方法」について取り決めておく。

審査員が教える運用のポイント

　顧客からの苦情や情報セキュリティインシデントなど突発的な事象に関して、あらかじめ対応者や担当者、連絡経路などを特定し、対応の手順を定め、適用対象者に周知しておくことが求められる。特に事業の中断となるようなインシデント発生の場合、緊急時のレスポンス体制と連絡網、対応プロセスが整備されていることが必須となる。

7.5　文書化した情報

7.5.1　一般

　組織のISMSは、次の事項を含まなければならない。

a）この規格が要求する文書化した情報

b）ISMSの有効性のために必要であると組織が決定した、文書化した情報

注記　ISMSのための文書化した情報の程度は、次のような理由によって、それぞれの組織で異なる場合がある。

1）組織の規模、並びに活動、プロセス、製品及びサービスの種類

2）プロセス及びその相互作用の複雑さ

3）人々の力量

●**解釈と注意する点**

① 「文書」と「記録」という用語を一括して、「文書化された情報」という用語で表現している。

② 「この規格が要求する文書化された情報」の一例は以下の通りである。

　－4.3　適用範囲

　－5.2　方針

　－6.2　情報セキュリティ目的

　－7.2　力量の証拠

　－9.2　監査プログラムの実施及び監査結果の証拠

　－9.3　マネジメントレビューの結果の証拠

　－10.1　不適合の性質及びとった処置、是正処置の結果

③ 「情報セキュリティマネジメントシステムの有効性のために必要であると組織が決定した、文書化された情報」とは、"情報セキュリティマネジメントシステムを有効に機能させるために必要な文書" と "情報セキュリティマネジメントシステムを有効に機能していることを示す証拠" の両方で、組織が決定する。その範囲と文書化の程度は注記に示す通りである。なお、"文書化された情報の程度" の "程度" とは情報の量や内容などである。

「文書化された情報の程度」の「程度」とは情報の量や内容であり、組織の規模や業務内容、製品やサービスの種類、プロセスの複雑さ、要員の力量度合いなどによって異なるため、身の丈に合った管理体制を目指すべきである。

7.5.2　作成及び更新

　文書化した情報を作成及び更新する際、組織は、次の事項を確実にしなければならない。

a）適切な識別及び記述（例えば、タイトル、日付、作成者、参照番号）

b）適切な形式（例えば、言語、ソフトウェアの版、図表）及び媒体（例えば、紙、電子媒体）

c）適切性及び妥当性に関する、適切なレビュー及び承認

●解釈と注意する点

①文書化された情報の作成と更新に関する要求であり、その内容は規格の記述の通りである。

②"文書化された情報"が紙だけでなく、電子媒体になりつつある現状を踏まえている。その意味では、該当する媒体に応じた管理の方法を決定しておくことが重要で合理的である。

「文書化された情報」とは、紙媒体だけでなく電子媒体も含まれ、社内共有やクラウド上での電子文書管理なども一つの選択肢となる。

7.5.3　文書化した情報の管理

　ISMS及びこの規格で要求されている文書化した情報は、次の事項を確実にするために、管理しなければならない。

a）文書化した情報が、必要なときに、必要なところで、入手可能かつ利用に適した状態である。

　b）文書化した情報が十分に保護されている（例えば、機密性の喪

　　失、不適切な使用又は完全性の喪失からの保護）。

　文書化した情報の管理に当たって、組織は、該当する場合には、必

ず、次の行動に取り組まなければならない。

　c）配付、アクセス、検索及び利用

　d）読みやすさが保たれることを含む、保管及び保存

　e）変更の管理（例えば、版の管理）

　f）保持及び廃棄

　ISMSの計画策定及び運用のために組織が必要と決定した外部から

の文書化した情報は、必要に応じて識別し、管理しなければならない。

注記　アクセスとは、文書化した情報の閲覧だけの許可に関する決

定、文書化した情報の閲覧及び変更の許可及び権限に関する決定、な

どを意味し得る。

●解釈と注意する点

①前項で作成した文書の利用と保護に対する要求である。すなわち、必要
　な人に正しい情報を確実に届けることと、その情報の改ざんや誤使用か
　ら保護、機密性の喪失などから保護を確実にする管理方法を決定するこ
　とである。

②その管理に必要な行動に対する要求も示している。ここでも該当する情報
　内容と、媒体の特性に応じた管理の方法を決定しておく必要がある。"保
　持及び廃棄"については、"文書化された情報"の保管期間も含まれる。

審査員が教える運用のポイント

　管理対象となる文書（内部・外部文書）が明確に特定されている必要があ

る。なお、内部文書とはISMSの適用範囲の中で制定・改定される文書を言う。

＜箇条7　改定のポイント・差分＞

・7.4の改定は、最新のMSS（共通テキスト）の反映によるものであり、
　要求事項としては大きな影響はない。

8 運用

8.1 運用の計画策定及び管理

　組織は、次に示す事項の実施によって、要求事項を満たすため、及び箇条6で決定した活動を実施するために必要なプロセスを計画し、実施し、かつ、管理しなければならない。

　　－プロセスに関する基準の設定

　　－その基準に従った、プロセスの管理の実施

　組織は、プロセスが計画どおりに実施されたという確信をもつために必要とされる、文書化した情報を利用可能な状態にしなければならない。

　組織は、計画した変更を管理し、意図しない変更によって生じた結果をレビューし、必要に応じて、有害な影響を軽減する処置を講じなければならない。

　組織は、ISMSに関連する、外部から提供されるプロセス、製品又はサービスが管理されていることを確実にしなければならない。

●**解釈と注意する点**

①箇条8は、箇条6で「計画」したことを「実施」し、「運用」する要求事項である。6.1 リスク及び機会への取り組みを反映、統合したプロセスを明確にしたものである。この中には、外部委託したプロセスも含まれる。また、そのプロセスの計画の内容に対する要求も示されている。「プロセスが計画通りに実施されたという確信を持つために必要な程度での、文書化された情報の保持」とは、「その基準に従った、プロセスの管理の実施」の証拠のことである。

③「計画した変更」とは、主に組織のプロセスの変更管理を意図しており、情報セキュリティマネジメントシステムの定常的運用の結果として生じた変更を管理することである。

④また「意図しない変更」とは、突発的事態など予期せぬ状況のことであり、その結果を確認し、必要に応じて有害な影響を軽減する処置をとることである。

⑤外部委託したプロセスについても、その明確化とともに当該プロセスに適用する管理方法を明確にして実施する。

審査員が教える運用のポイント

　箇条8は、PDCAのうち「Do（実行）」を主体とした要求事項となる。箇条6で計画した目標管理計画、管理策の運用管理、リスク対応計画（箇条8.3を参照）や、箇条7での教育・訓練、コミュニケーション、文書化した情報の管理、アウトソース管理などすべての運用（Do）を管理する項目である。それらの運用は事業プロセスに関係して行われるもので、事業と統合された運用計画が求められる。

　また、その運用が適切に行われたことを実証するための「文書化した情報」を「利用可能な状態」にしなければならず、組織が必要と判断するレベルに応じて証拠（記録）を残す必要がある。

> ### 8.2　情報セキュリティリスクアセスメント
>
> 　組織は、あらかじめ定めた間隔で、又は重大な変更が提案されたか若しくは重大な変化が生じた場合に、6.1.2 a）で確立した基準を考慮して、情報セキュリティリスクアセスメントを実施しなければならない。
>
> 　組織は、情報セキュリティリスクアセスメント結果の文書化した情報を保持しなければならない。

●解釈と注意する点

①8.2項は、6.1.2 c）、d）、e）項と関連して、情報セキュリティリスクアセスメントを実施し維持する。

　組織体制の変化や他社の情報セキュリティ上の不祥事、新たなツール、社会制度などセキュリティを取り巻く環境の変化に応じて、現状の対応で十分かどうかを検討する機会を持つ必要がある。これらの管理をマネジメントシステムの範囲内で確実に実行し、変更管理を行っているかが問われることになる。

8.3　情報セキュリティリスク対応

　組織は、情報セキュリティリスク対応計画を実施しなければならない。
　組織は、情報セキュリティリスク対応結果の文書化した情報を保持しなければならない。

●解釈と注意する点
①8.3項は、6.1.3 e）項と関連して、策定された情報セキュリティリスク対応計画を実施し維持する。

　箇条6で計画した「情報セキュリティリスク対応計画」策定のプロセスを実施する項目で、8.2項で実施したリスクアセスメント結果に対する対応を検討し、計画的に対応が必要なものを「リスクアセスメント対応計画」として作成、更新する。

　また、立案された計画の進捗管理と報告を、どのような場面で実施するかを設定する必要がある。この運用方法を組織の規定として8.3項に記述するか、6.1.3項か9.1項として記述することも可能であるが、対応結果は「文書化した情報」として管理しなければならない。

＜箇条8　改定のポイント・差分＞
・8.1の改定は、最新のMSS（共通テキスト）の反映によるものである。
・4段落目について、管理する範囲がISMSに関連するものであるとされている。また、管理対象が「外部委託したプロセス」から「外部から提

供されるプロセス、製品又はサービス」に変更されており、外部から提供される製品の管理について項目としては追加となるが、要求事項として大きな影響はない。

・ また、8.1では文書管理に対する要求事項が「利用可能な状態にする」となっているが、「利用可能な状態」とは「文書として明確にし、いつでも確認できる状態のこと」であり、要求事項としては追加となったが、通常の文書管理状態であれば「利用可能な状態」であり、大きな影響はない。

9 パフォーマンス評価

9.1 監視、測定、分析及び評価

組織は、次の事項を決定しなければならない。

a) 監視及び測定が必要な対象。これには、情報セキュリティプロセ
   ス及び管理策を含む。

b) 該当する場合には、必ず、妥当な結果を確実にするための、監
   視、測定、分析及び評価の方法。選定

した方法は、妥当と考えられる、比較可能で再現可能な結果を生み出
   すことが望ましい。

c) 監視及び測定の実施時期

d) 監視及び測定の実施者

e) 監視及び測定の結果の、分析及び評価の時期

f) 監視及び測定の結果の、分析及び評価の実施者

組織は、この結果の証拠として、文書化した情報を利用可能な状態
にしなければならない。

組織は、情報セキュリティパフォーマンス及びISMSの有効性を評
価しなければならない。

●解釈と注意する点

① マネジメントシステムのパフォーマンスを評価するために、次のことを
   決定する必要がある。

   ○監視・測定・分析・評価対象となる情報セキュリティプロセスと管理
     策

   ○監視と測定の対象があるならば、意図した結果が得られるような監
     視・測定・分析・評価方法

   ○それらの監視・測定をする時期や頻度

   ○その測定結果を分析・評価する時期

②監視測定の結果は、文書化（記録の維持・保管）した情報として保管する。

③これらの監視測定、分析評価の結果から、パフォーマンスとマネジメントシステムの有効性を評価する。

④本項には「適用される法令・規制の順守の監視・測定・分析・改善」が含まれることも考慮する。

⑤定期的に外部からのクレームや内部不適合（情報のC・I・Aの喪失など）の情報を分析し、傾向をつかんで改善のインプット情報とすることなど、目標管理と連動して行われることも多い。また、マネジメントレビューや経営会議、委員会活動への報告情報として必要データを収集し、評価し、報告するなど監視と順守評価が該当する。

審査員が教える運用のポイント

　パフォーマンスは、向上することを目的として監視・測定していることから、監視・測定した結果と分析・評価した結果を活用し、次期や次年度はどのように管理していくのか課題が見つかる。マネジメントシステムのC（チェック）として、どのようなA（アクション）をし、P（プラン）につなげるかは、箇条9をどのように効果的に運用するかにかかっている。

9.2　内部監査

9.2.1　一般

　組織は、ISMSが次の状況にあるか否かに関する情報を提供するために、あらかじめ定めた間隔で内部監査を実施しなければならない。
 a）次の事項に適合している。
 　1）ISMSに関して、組織自体が規定した要求事項
 　2）この規格の要求事項
 b）有効に実施され、維持されている。

9.2.2　内部監査プログラム

　組織は、監査プログラムを計画し、確立し、実施し、維持しなけれ

ばならない。これには、その頻度、方法、責任、計画策定の要求事項及び報告を含める。

　そ（れら）の内部監査プログラムを確立するとき、組織は、関連するプロセスの重要性及び前回までの監査の結果を考慮しなければならない。

　組織は、次に示す事項を行わなければならない。

a）各監査について、監査基準及び監査範囲を明確にする。

b）監査プロセスの客観性及び公平性を確保するために、監査員を選定し、監査を実施する。

c）監査の結果を関連する管理層に報告することを確実にする。

　組織は、監査プログラムの実施及び監査結果の証拠として、文書化した情報を利用可能な状態にしなければならない。

●解釈と注意する点

(1) 内部監査の目的はa)とb)

　a）は、「適合性」を監査することを意図している。監査基準は、マネジメントシステムの規格要求事項と組織自身が規定したルール（マニュアルなどMS文書）である。

　b）は、「有効性」を監査することを意図している。

　a）がいわば「ルール通りに実施しているか」の監査であるのに対し、b）は「ルール通りに実施されたことによって計画した結果が達成できているか」、すなわち「現在のMSは、計画した結果が達成できるようなプロセスやシステムとなっているか」ということである。

(2) 内部監査の実施法

　a）まず、監査の実施頻度や監査方法、監査に関する責任と実施計画に関するルール、どのように報告するかを含む監査のプログラムを計画し、実施する。監査プログラムは、マネジメントシステムの関連するプロセスの重要性に応じて計画を考慮するとともに、前回までの結果を考慮して立案し、推進する。

　b）それぞれの監査では、今回実施する監査の基準（規格要求事項や会

社の基準、顧客要求事項、認証機関のルールなど）や監査をする範
囲（部署、関係プロセス）を明確にする。

c）監査の実施においては監査内容が客観的であり、公平（利害によっ
て圧力や手抜きのない状況など）に行われるよう、部署と監査員の
組み合わせを考えて選定・計画する必要がある。

d）監査の結果は、トップマネジメントなど関連する管理層に報告する。

e）監査プログラムや監査結果は、活動の証拠として文書化された情報
として維持・保管する。

審査員が教える運用のポイント

この規格要求事項には、監査基準を設定することが求められている。一
方、「要求事項を満たさない場合」には、どのような処置をとるかは決め
られていない。内部監査を有効に機能させるのであれば、要求事項を満た
さない場合を「不適合」として修正・是正処置を実施することや、不適合
ではないが検討を提言する場合には「改善の機会」にするなどのルール化
が必要となる。

また、計画として一律すべての部門をまんべんなく監査する計画とする
か、重大な事故の発生可能性がある部署を重点的に行うかは、そのときの
監査目的の設定による。監査プログラムは、組織の持つリスクに応じて立
案し、またリスクの変化に応じて監査プログラムの変更も必要となるた
め、状況に応じた臨時監査の計画など臨機応変な対応が望まれる。

■**クラウドサービス要求事項（JIP-ISMS517-1.0 より）**

4.3　内部監査【JIS Q 27001の9.2】

組織は、ISMS内のクラウドサービスが次の状況にあるか否かに関
する情報を提供するために、あらかじめ定めた間隔で内部監査を実施
しなければならない。

a）次の事項に適合している。

1）ISMSに関して、組織自体が規定した要求事項

2）本文書（JIS Q 27001：2014を含む）の要求事項

ｂ）有効に実施され、維持されている。

注記1：内部監査の一部として、第三者による独立したレビュー（外部監査など）の結果を利用することができる。

注記2：クラウドサービスプロバイダのコミットメント（クラウドサービスの提供にかかる情報セキュリティガバナンス及びマネジメントに関するコミットメント）が適正に実施されていることを確認することが望ましい。ただし、サービスの種類によって、管理策が存在しない場合には、適用除外することができる。

（出典：一般財団法人 日本情報経済社会推進協会、「ISO/IEC27017：2015に基づくISMSクラウドセキュリティ認証に関する要求事項（JIP-ISMS517-1.0)」、2016年8月1日、p4)

審査員が教える運用のポイント

　なお、内部監査について、ISMSに加えてクラウドサービスも対象にすることが求められている。

9.3　マネジメントレビュー

9.3.1　一般

　トップマネジメントは、組織のISMSが、引き続き、適切、妥当かつ有効であることを確実にするために、あらかじめ定めた間隔で、ISMSをレビューしなければならない。

9.3.2　マネジメントレビューへのインプット

　マネジメントレビューは、次の事項を考慮しなければならない。

ａ）前回までのマネジメントレビューの結果講じた処置の状況

ｂ）ISMSに関連する外部及び内部の課題の変化

ｃ）ISMSに関連する利害関係者のニーズ及び期待の変化

ｄ）次に示す傾向を含めた、情報セキュリティパフォーマンスに関するフィードバック

　　1）不適合及び是正処置

　　2）監視及び測定の結果

　　3）監査結果

　　4）情報セキュリティ目的の達成

　 e ）利害関係者からのフィードバック

　 f ）リスクアセスメントの結果及びリスク対応計画の状況

　 g ）継続的改善の機会

9.3.3　マネジメントレビューの結果

　マネジメントレビューの結果には、継続的改善の機会、及びISMSのあらゆる変更の必要性に関する決定を含めなければならない。

　組織は、マネジメントレビューの結果の証拠として、文書化した情報を利用可能な状態にしなければならない。

●解釈と注意する点

①「あらかじめ定められた間隔で」とは、「定期的に」という意味ではない。間隔が定められている必要があるということである。

②マネジメントレビューでは、a）項からd）項に関する状況をもとにシステムを見直さなければならない。

　 a ）前回までの指示事項に対するフォローアップ（結果と処置の状況）

　 b ）マネジメントシステムに関連する外部（変化している周囲の状況）・内部の課題の変化（ここで言う課題とは、4.1項で決定した課題のこと）

　 c ）パフォーマンスに関するフィードバック

　 1）不適合及び是正処置

　 2）監視及び測定の結果

　 3）監査結果

　 4）情報セキュリティ目的の達成

　 d ）利害関係者からのフィードバック

　 e ）リスクアセスメントの結果及びリスク対応計画の状況

ｆ）継続的改善の機会

③トップマネジメントによるレビューでは、アウトプット（指示事項や次期の課題）を示すことが求められている。それらには、継続的改善の機会を含むマネジメントシステムのあらゆる変更の必要性に関する決定事項を含む。「継続的改善の機会」とは、『パフォーマンスの向上のために継続的に改善できるところはあるかどうかを評価すること』である。

④マネジメントレビューの結果は、文書化された情報（記録）として保持する。

⑤経営者を含む会議体で実施することもあるだろうし、必要な情報をもとに経営者（あるいは経営層）が判断して指示事項を出す場合もあるだろう。

審査員が教える運用のポイント

　マネジメントレビューはあらかじめ定めた間隔で実施することが求められているが、一年に１回や２回実施するなど、定められた間隔で実施することだけを求めているわけではない。組織の事業活動と一体化した活動として、例えば「経営会議」や「情報セキュリティ委員会」の場でレビューするなどの方が実務的である。事業場の大きな変化やリスクに対する大きな決定が必要なときには、臨時で実施を求める場合もあり、その上でさまざまな達成度や監視結果、分析結果と併せて年間評価を行うことが望ましい。

＜箇条９　改定のポイント・差分＞

・これらの改定は、最新のMSS（共通テキスト）の反映によるものである。

・9.1について、b）は注釈にあった「選定した方法は、妥当と考えられる、比較可能で再現可能な結果を生み出すことが望ましい」を本文に移動した。また、第１段落にあった「組織は、情報セキュリティパフォーマンス及びISMSの有効性を評価すること」を箇条9.1の末尾に移動した。

・9.2について、MSS（共通テキスト）の変更を反映し箇条を細分化したものである。

・9.3についても9.2と同様である。「9.3.2　マネジメントレビューのイン

プット」に「c）ISMS に関連する利害関係者のニーズ及び期待の変化」
が項目として追加となっており、要求事項としては追加となっている。

・いずれも、要求事項として大きな影響はない。

・また、9.1、9.2.2、9.3.3 文書管理に対する要求事項が「利用可能な状態
にする」となっているが、「利用可能な状態」とは「文書として明確に
し、いつでも確認できる状態のこと」で、要求事項としては追加となっ
たが、通常の文書管理状態であれば「利用可能な状態」であり、大きな
影響はない。

10 改善

10.1 継続的改善

組織は、ISMSの適切性、妥当性及び有効性を継続的に改善しなければならない。

●解釈と注意する点

組織のマネジメントシステムが組織の目的に合致していることに加え、計画通りの結果が出せているか、その仕組みが有効であるかどうかについて継続的に改善することが求められている。「継続的に」は、定期的にということを意味しているのではなく、ある一定の適合した状態（パフォーマンス）から改善を繰り返し行うことを意図している。

マネジメントレビューをキープロセスとして、経営者からの改善指示や日常活動における改善の必要性の検討、データ分析から導かれる組織の課題へ解決方法の模索、顧客要求事項への絶え間ない追求など、あらゆる改善活動の実施により具体化される。

審査員が教える運用のポイント

ISMSの適切性、妥当性、有効性を継続的に改善するとは、①ISMSが組織の情報セキュリティ目的に当てはまっている状態であるかという適切性の視点、②要求事項が満たされているかという妥当性の視点、③計画した活動が実行され、計画した結果が達成された程度という有効性の視点から適宜確認することである。「継続的に」は、定期的に行うことを意味しているのではなく、ある一定の状態（パフォーマンス）から改善を繰り返し実施できることを意図している。

10.2 不適合及び是正処置

不適合が発生した場合、組織は、次の事項を行わなければならない。

a）その不適合に対処し、該当する場合には、必ず、次の事項を行う。
　1）その不適合を管理し、修正するための処置を講じる。
　2）その不適合によって起こった結果に対処する。
b）その不適合が再発又は他のところで発生しないようにするため、
　　次の事項によって、その不適合の原因を除去するための処置を講
　　じる必要性を評価する。
　1）その不適合をレビューする。
　2）その不適合の原因を明確にする。
　3）類似の不適合の有無、又はそれが発生する可能性を明確にする。
c）必要な処置を実施する。
d）講じた全ての是正処置の有効性をレビューする。
e）必要な場合には、ISMSの変更を行う。
　是正処置は、検出された不適合のもつ影響に応じたものでなければ
ならない。
　組織は、次に示す事項の証拠として、文書化した情報を利用可能な
状態にしなければならない。
f）不適合の性質及びそれに対して講じたあらゆる処置
g）是正処置の結果ご使用者

●解釈と注意する点

　ここで言う不適合は、監視測定や内部監査、マネジメントレビューの結
果などマネジメントシステムとその運用などで検出の結果に対する不適合
を意味する。組織は、不適合が発生した場合に次の事項を実施する。

a）不適合に対処し、該当する場合には必ず不適合を管理して修正を行
　　い、その不適合によって起こった結果（内外への影響）に対処する
　　手当を実施する。
b）不適合の再発、または他所で発生しないようにするために、不適合
　　のレビューを実施して不適合の原因の明確化を行い、類似の不適合
　　の有無やそれが発生する可能性を把握する。不適合の原因を除去す
　　るための処置（再発防止策）の必要性を評価する。

c）必要な処置b）を踏まえて決定した再発防止策を実施する。

d）実施したすべての是正処置の有効性をレビューする。

e）不適合に対する活動の結果として、必要な場合はマネジメントシステムの変更を行う。

また、実施する是正処置は、その不適合がマネジメントシステムに対する影響（顧客など利害関係者のニーズや組織のパフォーマンスへの影響）に応じたものでなければならない。不適合および是正処置についても記録として保管する必要があるが、不適合の性質とその不適合に対応した処置や是正処置の結果など、内容がわかる証拠として残すようにしたい。

審査員が教える運用のポイント

不適合に対して、修正と是正処置とを分けて対応しなければならない。また、「類似の不適合の有無、又はそれが発生する可能性を明確にする」とは、是正処置の水平展開のことであり、予防処置にもなり得る。

不適合の修正のみで足りる軽度な不適合であっても、繰り返し発生する場合は、重大なセキュリティ事件・事故につながる原因となるものもあるため、不適合現象の除去のみならず是正処置の対象とするという視点も重要である。

また、不適合の原因究明が十分でない場合は再発の可能性が高く、真の原因の除去とはならないため、自ら厳しく原因究明することが再発防止に効果的であることを認識してほしい。

是正処置のトリガーは組織で定めておく必要があり、また、厳正に是正処置を実施することが情報リスクから組織を守ることを、組織全体に周知することが求められる。

＜箇条10 改定のポイント・差分＞

・これらの改定は、最新のMSS（共通テキスト）の反映によるものである。

・「10.1 継続的改善」と「10.2 不適合及び是正処置」の順序を入れ替えたのみとなり、いずれも要求事項として大きな影響はない。

・また、10.2文書管理に対する要求事項が「利用可能な状態にする」となっているが、「利用可能な状態」とは「文書として明確にし、いつでも確認できる状態のこと」であり、要求事項としては追加となったが、通常の文書管理状態であれば「利用可能な状態」であり、大きな影響はない。

CHAPTER **3**

改定ISO27001、クラウドの要求事項と規格解釈：パート2（管理策）

【附属書A（規定）管理目的及び管理策】

1. リスクアセスメント結果から導かれる管理策

　管理策は、4.1項の内外の課題、4.2項の利害関係者のニーズ及び期待、4.3項の境界及び適用範囲などから鑑みてリスクアセスメントした結果から導かれる。その選択肢として、附属書Aと附属書A以外がある。それらから選択された管理策は適用宣言書のベースとして利用される。附属書Aの詳細なガイドについては、JISQ27002情報技術—セキュリティ技術—情報セキュリティ管理策の実践のための規範が利用される。

　適切なリスクアセスメント結果から導かれた管理策の効果的な運用によって、リスク低減や管理策の強化を含む組織の情報セキュリティ目的の達成につながる（**図表3-1**）。

2. 事業に関するプロセスのライフサイクルを考慮したリスクアセスメント結果から導かれる管理策

　通常、事業に関するプロセスの構成は、製品・サービスの提供に必要とされる人（要員）・モノ（ハードウェア、ソフトウェア、サービスなど）・金と時間に関するプロセスの集合体で構成される。これらのプロセスのライフサイクルを考慮したリスクアセスメント結果から導かれる管理策として、附属書Aでは要員、情報システムの構成品目（情報、ハードウェア、

〈図表3-1　リスクアセスメント結果から導かれる管理策の概念図〉

ソフトウェア、サービスなど）、あるいはプロジェクトなどが関連する。要員に関連して採用から退職、また守秘義務に関しては退職後も対象となる。情報システムの構成品目に関連して開始、維持（変更管理含む）から終了までが対象となる。プロジェクトに関しては、内外の依頼先から要求される期間が対象となる。このように、事業に関するプロセスのライフサイクルを考慮したリスクアセスメント結果から導かれる管理策を、附属書Aと附属書A以外から選択して管理する。

3. 管理策の構成

　管理策は以下の四つのテーマに大別され、個々に管理策が示されている。四つのテーマは、個人に関係する場合は「6 人的管理策」、物理的対象に関係する場合は「7 物理的管理策」、技術に関係する場合は「8 技術的管理策」、それ以外の場合は「5 組織的管理策」のように分類されている。

　　5　組織的管理策
　　6　人的管理策
　　7　物理的管理策
　　8　技術的管理策

　以下、管理策について、旧規格との対応表とともに個々の管理策や解釈と注意する点を示す（**図表3-2**）。

【管理策 新旧対応表】

〈図表3-2　管理策 新旧対応表〉

※A：管理策の箇条番号変更、B：管理策の統合、C：管理策内容の記載変更、D：新規の管理策

ISO/IEC27001：2013 箇条番号	ISO/IEC27001：2022		ポイント凡例：A、B、C、D
	箇条番号	管理策名	
A.5.1.1、A.5.1.2	5.1	情報セキュリティのための方針群	B
A.6.1.1	5.2	情報セキュリティの役割及び責任	A
A.6.1.2	5.3	職務の分離	A
A.7.2.1	5.4	管理層の責任	A
A.6.1.3	5.5	関係当局との連絡	A
A.6.1.4	5.6	専門組織との連絡	A
新規	5.7	脅威インテリジェンス	D
A.6.1.5、A.14.1.1	5.8	プロジェクトマネジメントにおける情報セキュリティ	B
A.8.1.1、A.8.1.2	5.9	情報及びその他の関連資産の目録	B
A.8.1.3、A.8.2.3	5.10	情報及びその他の関連資産の許容される利用	B
A.8.1.4	5.11	資産の返却	A
A.8.2.1	5.12	情報の分類	B
A.8.2.2	5.13	情報のラベル付け	A
A.13.2.1、A.13.2.2、A.13.2.3	5.14	情報の転送	B
A.9.1.1、A.9.1.2	5.15	アクセス制御	B
A.9.2.1	5.16	識別情報の管理	C
A.9.2.4、A.9.3.1、A.9.4.3	5.17	認証情報	B
A.9.2.2、A.9.2.5、A.9.2.6	5.18	アクセス権	B
A.15.1.1	5.19	供給者関係における情報セキュリティ	A
A.15.1.2	5.20	供給者との合意における情報セキュリティの取扱い	A
A.15.1.3	5.21	情報通信技術（ICT）サプライチェーンにおける情報セキュリティの管理	A
A.15.2.1、A.15.2.2	5.22	供給者のサービス提供の監視、レビュー及び変更管理	B
新規	5.23	クラウドサービス利用時の情報セキュリティ	D
A.16.1.1	5.24	情報セキュリティインシデント管理の計画策定及び準備	A
A.16.1.4	5.25	情報セキュリティ事象の評価及び決定	A
A.16.1.5	5.26	情報セキュリティインシデントへの対応	A
A.16.1.6	5.27	情報セキュリティインシデントから学習	A
A.16.1.7	5.28	証拠の収集	A

ISO/IEC27001：2013 箇条番号	ISO/IEC27001：2022		ポイント凡例：A、B、C、D
	箇条番号	管理策名	
A.17.1.1、A.17.1.2、A.17.1.3	5.29	事業の中断・阻害時の情報セキュリティ	B
新規	5.30	事業継続のためのICTの備え	D
A.18.1.1、A.18.1.5	5.31	法令、規制及び契約上の要求事項	B
A.18.1.2	5.32	知的財産権	A
A.18.1.3	5.33	記録の保護	A
A.18.1.4	5.34	プライバシー及び個人識別可能情報（PII）の保護	C
A.18.2.1	5.35	情報セキュリティの独立したレビュー	A
A.18.2.2、A.18.2.3	5.36	情報セキュリティのための方針群、規則及び標準の順守	B
A.12.1.1	5.37	操作手順書	A
A.7.1.1	6.1	選考	A
A.7.1.2	6.2	雇用条件	A
A.7.2.2	6.3	情報セキュリティの意識向上、教育及び訓練	A
A.7.2.3	6.4	懲戒手続	A
A.7.3.1	6.5	雇用の終了又は変更後の責任	A
A.13.2.4	6.6	秘密保持契約又は守秘義務契約	A
A.6.2.2	6.7	リモートワーク	C
A.16.1.2、A.16.1.3	6.8	情報セキュリティ事象の報告	B
A.11.1.1	7.1	物理セキュリティ境界	A
A.11.1.2、A.11.1.6	7.2	物理的入退	B
A.11.1.3	7.3	オフィス、部屋及び施設のセキュリティ	A
新規	7.4	物理的セキュリティの監視	D
A.11.1.4	7.5	物理的及び環境的脅威からの保護	A
A.11.1.5	7.6	セキュリティを保つべき領域での作業	A
A.11.2.9	7.7	クリアデスク・クリアスクリーン	A
A.11.2.1	7.8	装置の設置及び保護	A
A.11.2.6	7.9	構外にある資産のセキュリティ	A
A.8.3.1、A.8.3.2、A.8.3.3、A.11.2.5	7.10	記憶媒体	C
A.11.2.2	7.11	サポートユーティリティ	A
A.11.2.3	7.12	ケーブル配線のセキュリティ	A
A.11.2.4	7.13	装置の保守	A
A.11.2.7	7.14	装置のセキュリティを保った処分又は再利用	A
A.6.2.1、A.11.2.8	8.1	利用者エンドポイント機器	C
A.9.2.3	8.2	特権アクセス権	A
A.9.4.1	8.3	情報へのアクセス制限	A
A.9.4.5	8.4	ソースコードへのアクセス	A

ISO/IEC27001：2013 箇条番号	ISO/IEC27001：2022		ポイント凡例：A、B、C、D
	箇条番号	管理策名	
A.9.4.2	8.5	セキュリティを保った認証	A
A.12.1.3	8.6	容量・能力の管理	C
A.12.2.1	8.7	マルウェアに対する保護	A
A.12.6.1、A.18.2.3	8.8	技術的ぜい弱性の管埋	B
新規	8.9	構成管理	D
新規	8.10	情報の削除	D
新規	8.11	データマスキング	D
新規	8.12	データ漏えい防止	D
A.12.3.1	8.13	情報のバックアップ	A
A.17.2.1	8.14	情報処理施設・設備の冗長性	A
A.12.4.1、A.12.4.2、A.12.4.3	8.15	ログ取得	C
新規	8.16	監視活動	D
A.12.4.4	8.17	クロックの同期	A
A.9.4.4	8.18	特権的なユーティリティプログラムの使用	A
A.12.5.1、A.12.6.2	8.19	運用システムに関わるソフトウェアの導入	B
A.13.1.1	8.20	ネットワークセキュリティ	A
A.13.1.2	8.21	ネットワークサービスセキュリティ	A
A.13.1.3	8.22	ネットワークの分離	A
新規	8.23	ウェブフィルタリング	D
A.10.1.1、A.10.1.2	8.24	暗号の利用	B
A.14.2.1	8.25	セキュリティに配慮した開発のライフサイクル	A
A.14.1.2、A.14.1.3	8.26	アプリケーションのセキュリティの要求事項	B
A.14.2.5	8.27	セキュリティに配慮したシステムアーキテクチャ及びシステム構築の原則	A
新規	8.28	セキュリティに配慮したコーディング	D
A.14.2.8、A.14.2.9	8.29	開発及び受入れにおけるセキュリティテスト	B
A.14.2.7	8.30	外部委託による開発	A
A.12.1.4、A.14.2.6	8.31	開発環境、テスト環境及び本番環境の分離	B
A.12.1.2、A.14.2.2、A.14.2.3、A.14.2.4	8.32	変更管理	C
A.14.3.1	8.33	テスト用情報	A
A.12.7.1	8.34	監査におけるテスト中の情報システムの保護	A

⑤ 組織的管理策

5.1 情報セキュリティのための方針群

管理策比較表			
2022年版		**2013年版**	
5.1	情報セキュリティのための方針群	A.5.1.1	情報セキュリティの方針群
管理策	情報セキュリティ方針及びトピック固有の方針は、これを定義し、管理層が承認し、発行し、関連する要員及び関連する利害関係者に伝達し、認識させ、あらかじめ定めた間隔で、及び重大な変化が発生した場合にレビューしなければならない。 注記）組織は、これらのトピック固有の方針に、標準、指令、方針又はその他の名称を付けることがある。	情報セキュリティのための方針群は、これを定義し、管理層が承認し、発行し、従業員及び関連する外部関係者に通知すること。	
		A.5.1.2	情報セキュリティのための方針群のレビュー
		情報セキュリティのための方針群は、あらかじめ定めた間隔で、又は重大な変化が発生した場合に、それが引き続き適切、妥当かつ有効であることを確実にするためにレビューすること。	

●目 的

事業や法令、規制、契約上の要求事項に従い、経官陣の方向性の継続的な適合性や適切性、有効性および情報セキュリティのサポートを確実にするため。

●解釈と注意する点

経営陣の提起した方向性と指示を、事業上の要求事項や関連する法令、規制に従って提示するための管理策である。情報セキュリティ方針は、組織の適切なリスクアセスメントの結果によって導かれ、組織全体としての情報セキュリティ方針を考慮し、それぞれの管理策で取り扱う固有の方針とそれらをまとめた方針群との関係性を形成している。事業上の要求事項や関連する法令、規制に従って適用される場合、機密情報が含まれる方針群の外部関係者への通知は、十分なリスクアセスメントの結果により慎重に管理される。

●クラウドサービス固有の実施の手引き

実施の手引き 5.1.1	クラウドサービスカスタマ	クラウドサービスプロバイダ
	クラウドコンピューティングのための情報セキュリティ方針を、クラウドサービスカスタマのトピック固有の方針として定義することが望ましい。クラウドサービスカスタマのクラウドコンピューティングのための情報セキュリティ方針は、組織の情報及びその他の資産に対する情報セキュリティリスクの受容可能なレベルと矛盾しないものとすることが望ましい。クラウドコンピューティングのための情報セキュリティ方針を定義する際には、クラウドサービスカスタマは、次の事項を考慮することが望ましい。 −クラウドコンピューティング環境に保存する情報は、クラウドサービスプロバイダによるアクセス及び管理の対象となる可能性がある。 −資産（例えば、アプリケーションプログラム）は、クラウドコンピューティング環境の中に保持される可能性がある。 −処理は、マルチテナントの仮想化されたクラウドサービス上で実行される可能性がある。 −クラウドサービスユーザ、及びクラウドサービスユーザがクラウドサービスを利用する状況 −クラウドサービスカスタマの、特権的アクセスをもつクラウドサービス実務管理者 −クラウドサービスプロバイダの組織の地理的所在地、及びクラウドサービスプロバイダが（たとえ、一時的にでも）クラウドサービスカスタマデータを保存する可能性のある国	クラウドサービスプロバイダは、クラウドサービスの提供及び利用に取り組むため、次の事項を考慮し、情報セキュリティ方針を拡充することが望ましい。 −クラウドサービスの設計及び実装に適用する、最低限の情報セキュリティ要求事項 −認可された内部関係者からのリスク −マルチテナンシ及びクラウドサービスカスタマの隔離（仮想化を含む） −クラウドサービスプロバイダの担当職員による、クラウドサービスカスタマの資産へのアクセス −アクセス制御手順（例えば、クラウドサービスへの管理上のアクセスのための強い認証） −変更管理におけるクラウドサービスカスタマへの通知 −仮想化セキュリティ −クラウドサービスカスタマデータへのアクセス及び保護 −クラウドサービスカスタマのアカウントのライフサイクル管理 −違反の通知、並びに調査及びフォレンジック（forensics）を支援するための情報共有指針

審査員が教える運用のポイント

　計画された間隔で、かつ重要な変更が発生したかどうかの確認という観点で、情報セキュリティ方針の改定時にはその内容の詳細を確認する必要がある。情報セキュリティ方針の改定について、新たなリスクや経営環境、市場の変化をどのように反映しているかを確認し、組織の各サイトの審査に臨むことの理解が求められる。情報セキュリティ方針の組織全体への浸透度合いを考察することで、組織のマネジメントシステムの成熟度をとらえることができる。

クラウドサービスカスタマ

　クラウドサービスカスタマ固有の情報セキュリティ方針が、組織の受容可能なリスクレベルと矛盾しないものとして定義されている。一般的に組織の情報セキュリティ方針には、クラウド利用に関する情報セキュリティ方針が記述されていることを確認する。

　○情報セキュリティポリシーに基づく保存される情報へのアクセス
　○情報資産（アプリケーションプログラムなど）がクラウドコンピューティング環境の中に保持されること
　○マルチテナントであること
　○特権的アクセスを持ちクラウドサービス実務管理者の位置づけ
　○地理的所在地、クラウドサービスカスタマデータを保存する可能性のある国など（リージョン、ゾーンなど）の要不要および可不可の確認

クラウドサービスプロバイダ

　クラウドサービスプロバイダとして、適切な情報セキュリティ方針を定義する。顧客の提供するクラウドシステムに関する情報セキュリティ方針について、顧客との契約前に提示することが求められる。

5.2 情報セキュリティの役割及び責任

管理策比較表			
	2022年版		2013年版
管理策	5.2 情報セキュリティのための方針群	A.6.1.1 情報セキュリティの方針群	
	情報セキュリティの役割及び責任は、組織のニーズに従って定め、割り当てなければならない。	全ての情報セキュリティの責任を定め、割り当てなければならない。	

●目 的

　組織内における情報セキュリティの実施や運用、管理のために定義され、承認され、理解される構造を確立するため。

●解釈と注意する点

　組織内で情報セキュリティの運用と統制・管理するための管理策で、情報セキュリティ方針及び個別方針（箇条5.1項を参照）で定義する。トップマネジメントによる管理層の役割を支援し、5.3項の組織の役割、責任及び権限、「5.4 管理層の責任」とも関連する。

　情報セキュリティの役割及び責任の割当ては、情報セキュリティ方針及びトピック固有の個別方針（5.1項を参照）によって行う。また、役割及び責任は、5.1項のh）トップマネジメントによる管理層の役割支援、5.3項の組織の役割、責任及び権限、「5.4 管理層の責任」とも関連する。

●クラウドサービス固有の実施の手引き

実施の手引き 6.1.1	クラウドサービスカスタマ	クラウドサービスプロバイダ
	クラウドサービスカスタマは、クラウドサービスプロバイダと、情報セキュリティの役割及び責任の適切な割当てについて合意し、割り当てられた役割	クラウドサービスプロバイダは、そのクラウドサービスカスタマ、クラウドサービスプロバイダ及び供給者と、情報セキュリティの役割及び責任の適切

及び責任を遂行できることを確認することが望ましい。両当事者の情報セキュリティの役割及び責任は、合意書に記載することが望ましい。クラウドサービスカスタマは、クラウドサービスプロバイダの顧客支援・顧客対応機能との関係を特定し、管理することが望ましい。	な割当てについて合意し、文書化することが望ましい。	

●クラウドサービス拡張管理策と実施の手引き

拡張管理策	CLD6.3.1	クラウドサービスコンピューティング環境における役割及び責任の共有及び分担
		クラウドサービスの利用に関して共有し分担する情報セキュリティの役割を遂行する責任は、クラウドサービスカスタマ及びクラウドサービスプロバイダのそれぞれにおいて特定の関係者に割り当て、文書化し、伝達し、実施することが望ましい。

実施の手引き	クラウドサービスカスタマ	クラウドサービスプロバイダ
	クラウドサービスカスタマは、クラウドサービスの利用に合せて方針及び手順を定義又は追加し、クラウドサービスユーザにクラウドサービスの利用における自らの役割及び責任を意識させることが望ましい。	クラウドサービスプロバイダは、自らの情報セキュリティの能力、役割及び責任を文書化し伝達することが望ましい。さらに、クラウドサービスプロバイダは、クラウドサービスの利用の一部としてクラウドサービスカスタマが実施及び管理することを必要となる情報セキュリティの役割及び責任を、文書化し伝達することが望ましい。

審査員が教える運用のポイント

　組織の各部門の役割と責任について、組織図と機能を把握することが着眼点となる。組織の各部門の役務に基づいて部門の業務内容を把握し、例えば「業務分掌」などの確認を実施する。

クラウドサービスカスタマ

　クラウドサービスプロバイダとの間の、情報セキュリティの役割と責任の適切な割当てについて合意した証跡を確認する。組織がクラウドシステム上で提供を受けるシステムと、クラウドサービスプロバイダの間で明示

された「責任モデル」に基づき、クラウドシステム運用上の事象に関わる詳細な内容の合意の証跡が作成され、契約に基づき提供を受け、合意がなされていることを確認する。

クラウドサービスカスタマおよびクラウドサービスプロバイダが併せて行う操作に、関連する問い合わせ先を特定しているか確認する。一般的には、サービスデスクやFAQなど利用手順に関わるプロバイダの問い合わせ先を指す。クラウドサービスの利用に合わせた方針や手順などを追加し、クラウドサービスユーザにクラウドサービスの利用における役割と責任の理解をさせる活動として、利用教育や手順書が常時閲覧できるような仕組みの有無を確認する。

クラウドサービスプロバイダ

クラウドサービスカスタマ、クラウドサービスプロバイダ及び供給者との間の、情報セキュリティの役割及び責任の適切な割当てについて合意した証跡を確認する。例えば「責任分解モデル」といった、顧客や組織がクラウドシステム上で提供するシステム、クラウドサービスプロバイダの三社間で明示された「責任モデル」が作成され、クラウドシステム運用上の事象に関わる詳細な内容の合意の証跡が作成され、顧客に提供され、合意がなされていることを確認する。一般的には、契約時に提出される。

クラウドサービスの利用者に、情報セキュリティの能力や役割、責任を文書化して伝達できているかを確認する。そこにはクラウドサービスカスタマが実施し、管理すべき情報セキュリティの役割と責任も含まれる。一般的には、提供システムの情報セキュリティに関する規定類などを含んだ、提供合意がなされていることが望まれる。ホワイトペーパーやサービス仕様書、ユーザーマニュアルなどの記述内容が相当する。

CHAPTER3　改定 ISO27001、クラウドの要求事項と規格解釈：パート 2（管理策）

5 組織的管理策

5.3 職務の分離

管理策比較表			
	2022年版		2013年版

<table>
<tr><th rowspan="3">管理策</th><th colspan="2">2022年版</th><th colspan="2">2013年版</th></tr>
<tr><td>5.3</td><td>職務の分離</td><td>A.6.1.2</td><td>職務の分離</td></tr>
<tr><td colspan="2">相反する職務及び相反する責任範囲は、分離しなければならない。</td><td colspan="2">相反する職務及び責任範囲は、組織の資産に対する、認可されていない若しくは意図しない変更又は不正使用の危険性を低減するために、分離すること。</td></tr>
</table>

●目 的

　情報セキュリティ管理策の不正やエラー、回避のリスクを軽減するため。

●解釈と注意する点

　相反する職務を個人が実行することによる危険性を取り除くための管理策を示している。組織は、どの職務や責任範囲を分離するのかを決定する。小さな組織では難しい場合があるが、できる限り分離することを検討する。

審査員が教える運用のポイント

　故意または過失による「不正」「ルール違反」の発生頻度を下げるために、異なる個人に職務を分離し付与することが重要となる。文書などの「申請者」「承認者」が明確に分離されていないと、承認の有効性に影響する。そのようなリスクを低減させることができているか、申請者と承認者の関係性の確認がポイントとなる。

5.4 管理層の責任

管理策比較表			
	2022年版		2013年版
管理策	5.4 管理層の責任	A.7.2.1 経営陣の責任	
	管理層は、組織の確立された情報セキュリティ方針、トピック固有の方針及び手順に従った情報セキュリティの適用を、全ての要員に要求しなければならない。		経営陣は、組織の確立された方針及び手順に従った情報セキュリティの適用を、全ての従業員及び契約相手に要求すること。

●目 的

経営陣が情報セキュリティにおける自らの役割を理解し、すべての要員が自らの情報セキュリティの責任を認識し、果たすことを目的として行動することを確実にするため。

●解釈と注意する点

経営陣は情報セキュリティ方針や個別方針、手順、情報セキュリティ管理策について、従業員および契約相手が情報セキュリティの責任を認識し、かつその責任を遂行することを確実にする。4.2項の利害関係者のニーズ及び期待、4.3項の境界及び適用範囲を考慮した組織の適切なリスクアセスメントの結果に関連して導かれたISMSが適用された要員が対象となり、トップマネジメントを含む役員クラスも含まれる。経営陣は情報セキュリティ方針やトピック固有の個別方針、手順、情報セキュリティ管理策に対する支援を行うことにより、従業員および契約相手が情報セキュリティの責任を認識し、かつその責任を遂行することを確実にする。

審査員が教える運用のポイント

ISMSのプロセスを組織に根づかせるために、経営層は情報セキュリティ方針に基づく情報セキュリティ管理策と、リスクアセスメントの結果

を反映したPDCA活動の実施を組織全体に根づかせる責任がある。その
ため、以下に示すような的確な指示を実施しているかを確認する。

　○「マネジメントレビューのアウトプット」やコミュニケーションの手
　　段としての「会議体など」での、具体的な指示を発布する。

　○指示の手段として、例えば「情報セキュリティ教育」による情報セ
　　キュリティリテラシー向上に向けた取り組みにつなげている状態を確
　　認することが必要となる。

5 組織的管理策

5.5 関係当局との連絡

管理策比較表				
管理策	2022年版		2013年版	
	5.5	関係当局との連絡	A.6.1.3	経営陣の責任
	組織は、関係当局との連絡体制を確立し、維持しなければならない。		関係当局との適切な連絡体制を維持すること。	

●目 的

　組織と関連する法務、規制および監督当局との間で、情報セキュリティ
に関して適切な情報の流通が行われることを確実にするため。

●解釈と注意する点

　組織内で情報セキュリティの実施や運用に着手し、これを統制するため
の管理上の枠組みを確立するための管理策である。組織は、いつ、誰が関

係当局（例えば法の執行機関や規制当局、監督官庁）に連絡するかを規定し、特定した情報セキュリティインシデントについて、いかに時機を失せずに報告するかを明確にする。また、関係当局との連絡については、7.4項のコミュニケーションの要求事項と関連する。

●クラウドサービス固有の実施の手引き

実施の手引き 6.1.3	クラウドサービスカスタマ	クラウドサービスプロバイダ
	クラウドサービスカスタマは、クラウドサービスカスタマ及びクラウドサービスプロバイダが併せて行う操作に関連する関係当局を特定することが望ましい。	クラウドサービスプロバイダは、クラウドサービスカスタマに、クラウドサービスプロバイダの組織の地理的所在地、及びクラウドサービスプロバイダが、クラウドサービスカスタマデータを保存する可能性のある国を通知することが望ましい。

審査員が教える運用のポイント

情報セキュリティインシデント発生時のアクションの一つとして、情報セキュリティインシデントの性質や法令規制への影響度などにより、インシデントの早期解決と最小の影響範囲に留めるための規定を定め、インシデント発生時の連絡ルートを組織内に展開しているかを確認する。

○「情報セキュリティインシデント管理規定」「情報セキュリティインシデント報告ルート」「情報セキュリティインシデント報告書」などに相当する文書の運用状況を確認

○外部連絡には、各機関の呼称に紐づいた具体的な連絡方法も記述されることを確認

5 組織的管理策

5.6 専門組織との連絡

管理策比較表			
	2022 年版		2013 年版
管理策	5.6　専門組織との連絡		A.6.1.4　専門組織との連絡
	組織は、情報セキュリティに関する研究会又は会議、及び情報セキュリティの専門家による協会・団体との連絡体制を確立し、維持しなければならない。		情報セキュリティに関する研究会又は会議、及び情報セキュリティの専門家による協会・団体との適切な連絡体制を維持すること。

● **目 的**

　情報セキュリティに関して適切な情報流通が行われることを確実にするため。

● **解釈と注意する点**

　組織内で情報セキュリティの実施と運用に着手し、これを統制するための管理上の枠組みを確立するための管理策である。最新の情報を入手して関係するセキュリティ情報を最新に保つ、情報セキュリティ環境の理解が最新であることを確実にする。また、専門家から情報セキュリティの助言を得ることなどを目的に、情報セキュリティに関する研究会や会議への参加を検討する。なお、専門組織との連絡については、7.4 項のコミュニケーションの要求事項と関連する。

審査員が教える運用のポイント

　外部のセキュリティ状況を把握するための連絡体制の確立という観点では、セキュリティに関する情報を発信している団体などへの入会に加え、公的機関による注意喚起情報やサイバーセキュリティ関連情報の共有を目的とした業界団体への加入、ぜい弱性情報公開サイトへの参加登録など、最新情報の入手と収集した情報からの評価実施を確立することを言う。

組織のリスクアセスメントによる、脅威とぜい弱性の観点からの取り組みができていることがポイントとなる。時機を失せずリスクアセスメント（特にリスク特定に影響を与える）を実施し、必要な対応を実施できていることが重要である。

5 組織的管理策

5.7 脅威インテリジェンス【新規管理策】

管理策比較表				
	2022年版		2013年版	
管理策	5.7	脅威インテリジェンス	―	該当なし
	情報セキュリティの脅威に関連する情報を収集及び分析し、脅威インテリジェンスを構築しなければならない。		―	

●目 的
　適切なリスク低減処置を講じることができるように、組織の脅威環境についての認識を持つため。

●解釈と注意する点
　管理策5.6と関連し、組織に危害を及ぼすことを防止するために、新たな脅威に関する情報を十分かつ正確な情報に基づく活動を実施することに

ある。そのような脅威の影響を減らすために、情報収集・分析が求められている。

　戦略的脅威インテリジェンス、戦術的脅威インテリジェンス、運用上の脅威インテリジュンスの 3 層の視点からの検討が効果的である。特に脅威インテリジェンスは課題に応え、十分な情報を含み、状況認識を与えるような状況情報を含み、対応可能であることが重要で、脅威インテリジェンスは他の組織と相互に共有するとよい。

審査員が教える運用のポイント

　サイバー攻撃への対応という観点で、「脅威インテリジェンス」の活用は重要であることを標榜して新設された管理策である。サイバー攻撃を防御するためには攻撃者の手段を理解する活動も重要で、そのためにはクラウドシステムやネットワークなどへのセキュリティ対策を、さまざまなレベルで強化することが求められており、その目的を達成するための体制構築と管理結果が重視される。SOC や CSIRT に代表されるセキュリティ対応体制の構築状況や外部の専門家集団からの情報を参考に、サイバー攻撃を検知する脅威インテリジェンスサービスの導入などによるリスク低減策の実施状況がポイントとなる。

5.8 プロジェクトマネジメントにおける 情報セキュリティ

管理策比較表				
	2022年版		2013年版	
管理策	5.8	プロジェクトマネジメントにおける情報セキュリティ	A.6.1.5	プロジェクトマネジメントにおける情報セキュリティ
	情報セキュリティをプロジェクトマネジメントに組み入れなければならない。		プロジェクトの種類にかかわらず、プロジェクトマネジメントにおいては、情報セキュリティに取り組まなければならない。	
			A.14.1.1	情報セキュリティ要求事項の分析及び仕様化
			情報セキュリティに関連する要求事項は、新しい情報システム又は既存の情報システムの改善に関する要求事項に含めなければならない。	

●目 的

　プロジェクトや成果物に関連する情報セキュリティリスクが、プロジェクトのライフサイクル全体を通じてプロジェクトマネジメントで効果的に対処されることを確実にするため。

●解釈と注意する点

　組織内で情報セキュリティの実施および運用に着手し、これを統制するための管理上の枠組みを確立してライフサイクル全体にわたり、情報セキュリティが情報システムの必須部分であることを確実にするための管理策である。情報セキュリティをプロジェクトマネジメントに組み入れ、その中で対処されるようにする。これはプロジェクトの複雑さや規模、期間、分野などにかかわらず、あらゆる種類のプロジェクトに適用できる。プロジェクトマネジメントの中で情報セキュリティリスク対応の進捗状況をレビューし、有効性を評価、試験することが重要である。

●クラウドサービス固有の実施の手引き

実施の手引き 14.1.1	クラウドサービスカスタマ	クラウドサービスプロバイダ
	クラウドサービスカスタマは、クラウドサービスにおける情報セキュリティ要求事項を定め、クラウドサービスプロバイダの提供するサービスがこの要求事項を満たせるか否かを評価することが望ましい。この評価のために、クラウドサービスカスタマは、クラウドサービスプロバイダに情報セキュリティ機能に関する情報の提供を要求することが望ましい。	クラウドサービスプロバイダは、クラウドサービスカスタマが利用する情報セキュリティ機能に関する情報をクラウドサービスカスタマに提供することが望ましい。この情報は、悪意をもつ者を利する可能性のある情報を開示することなく、クラウドサービスカスタマには役立つものであることが望ましい。

5
組織的管理策

審査員が教える運用のポイント

　プロジェクトマネジメントの各工程で情報セキュリティの実装状況を確認する。具体的には、要件定義書などへ情報セキュリティ要件が記述され、システム要件や基本・詳細設計図書に反映されていることを確認する。それらに基づき、単体・結合・運用など各試験工程で情報セキュリティ要件に基づく試験基準が記述され、試験結果と照合して相違がないことのエビデンスを求められる。

クラウドサービスカスタマ

　クラウドサービスにおける情報セキュリティ要求事項を定め、クラウドサービスプロバイダの提供するサービスがこの要求事項を満たせるか否かの評価や、提供を受けるクラウドサービスの情報セキュリティポリシーの入手、過不足を含めたレビュー記録などの存在を確認する。

クラウドサービスプロバイダ

　クラウドサービスカスタマにカスタマが利用する情報セキュリティ機能に関する情報を提供する。提供するクラウドサービスの情報セキュリティポリシーを顧客に提供していることやサービス仕様書、ホワイトペーパー、ユーザーマニュアルなどが相当する。

5.9 情報及びその他の関連資産の目録

管理策比較表				
	2022年版		**2013年版**	
管理策	5.9	情報及びその他の関連資産の目録	A.8.1.1	資産目録
	情報及びその他の関連資産の目録を、それぞれの管理責任者を含めて作成し、維持しなければならない。		情報及び情報処理施設に関連する資産を特定すること。また、これらの資産の目録を、作成し、維持すること。	
			A.8.1.2	資産の管理責任
			目録の中で維持される資産は、管理されなければならない。	

●目 的

組織の情報とその他の関連資産を特定し、それらの情報セキュリティを維持して適切な管理責任を割り当てるため。

●解釈と注意する点

組織の資産を特定し、適切な保護の責任を定めるための管理策である。4.1項の内外の課題、4.2項の利害関係者のニーズ及び期待、4.3項の境界及び適用範囲などを考慮した組織の適切なリスクアセスメントの結果によって導かれた情報、および情報処理施設とそれらに関連する資産を管理する。特定した情報とその他の関連資産を、情報セキュリティの観点からそれらの重要度を決定し、資産目録を作成して定期的なレビューを行う。

●クラウドサービス固有の実施の手引き

実施の手引き 14.1.1	クラウドサービスカスタマ	クラウドサービスプロバイダ
	クラウドサービスカスタマの資産目録には、クラウドコンピューティング環境に保存される情報及び関連資産も記載することが望ましい。目録の記録	クラウドサービスプロバイダの資産目録では、次のデータを明確に識別することが望ましい。 －クラウドサービスカスタマデータ

		では、例えば、クラウドサービスの特定など、資産を保持している場所を示すことが望ましい。	－クラウドサービス派生データ

●クラウドサービス拡張管理策と実施の手引き

拡張管理策	CLD8.1.5	クラウドサービスカスタマの資産の除去

クラウドサービスプロバイダの施設にあるクラウドサービスカスタマの資産は、クラウドサービスの合意の終了時に、時機を失せずに除去されるか又は必要な場合には返却されることが望ましい。

実施の手引き	クラウドサービスカスタマ	クラウドサービスプロバイダ
	クラウドサービスカスタマは、その資産の返却及び除去、並びにこれらの資産の全ての複製のクラウドサービスプロバイダのシステムからの削除の記録を含む、サービスプロセスの終了に関する文書化した説明を要求することが望ましい。 この説明では全ての資産を一覧にし、サービス終了が時間を失することなく行われるよう、サービス終了のスケジュールを文書化することが望ましい。	クラウドサービスプロバイダは、クラウドサービス利用のための合意の終了時における、クラウドサービスカスタマの全ての資産の返却及び除去の取決めについて、情報を提供することが望ましい。 資産の返却及び除去についての取決めは、合意文書の中に記載し、時期を失せずに実施することが望ましい。その取決めでは、返却及び除去する資産を特定することが望ましい。

5 組織的管理策

審査員が教える運用のポイント

　組織のリスクアセスメントを実施する上では、組織が持つ情報資産を正確に把握しているかが重要である。情報資産は業務で使用するソフトウェアやハードウェア、ネットワーク、紙情報のすべてを網羅し、利害関係者から預託されているものも含まれる。情報セキュリティ上の脅威とぜい弱性をとらえておき、有形無形すべての情報資産を考慮する必要がある。

　一般的には、「情報資産目録」で識別され、機密性や完全性、可用性のスコアリングによる評価に基づき、各情報資産はリスクアセスメントのインプットとなる。各資産には、管理責任者や管理組織が明示されていることが求められる。

クラウドサービスカスタマ

　クラウドコンピューティング環境に保存される情報と関連資産を、資産

を保持しているクラウドサービスの特定とともに資産目録に記録する。
サービス終了時には、クラウドサービスプロバイダに対して、アクセスロ
グを含むデータ削除の記録と実施のスケジュールの開示を要求し、その証
跡を確認する。また、資産目録から削除する。

クラウドサービスプロバイダ

　クラウドサービスカスタマのデータを含み、提供しているクラウドサー
ビスの派生データを資産目録に記載する。サービス終了時には当該資産目
録の内容を鑑み、資産目録からの削除処置を実施することを確認する。ク
ラウドサービスカスタマのデータやクラウドサービス派生データ削除した
証跡を確認する。

5 組織的管理策

5.10 情報及びその他の関連資産の許容される利用

管理策比較表				
	2022年版		2013年版	
管理策	5.10	情報及びその他の関連資産の許容される利用	A.8.1.2	資産利用の許容範囲
	情報及びその他の関連資産の許容される利用に関する規則及び取扱手順は、明確にし、文書化し、実施しなければならない。		情報の利用の許容範囲、並びに情報及び情報処理施設と関連する資産の利用の許容範囲に関する規則は、明確にし、文書化し、実施すること。	
			A.8.1.3	資産の取扱い
			資産の取扱いに関する手順は、組織が採用した情報分類体系に従って策定し、実施すること。	

●目 的

情報とその他の関連資産が適切に保護、利用、取り扱いされることを確実にするため。

●解釈と注意する点

リスクアセスメントの結果によって導かれた情報と情報処理施設、それらに関連する資産を管理する。情報資産の利用の許容範囲に関する個別の方針と方策を確立し、情報資産を利用し、取り扱うすべての人に伝達する。また、情報資産の認可された利用者についての記録も維持する。

※関連ISMS要求事項：「6.1項リスク及び機会に対処する活動」「7.5項 文書化した情報」

※関連管理策：「5.12 情報の分類」「5.13 情報のラベル付け」

審査員が教える運用のポイント

資産目録「情報資産目録」の改定履歴を確認することが重要である。常に最新の情報資産が反映され、維持されているかを確認する。新たに導入した情報資産が適切に上掲されているか、特に新規に導入したシステムなどが機を逸せず上掲されているか、破棄した情報資産の扱いが適切かなどについて、情報資産の取り扱いの手順に基づき運用されていることを検証する。

リスクアセスメントの実施手順やリスクアセスメントの評価結果も、同期して検証する。また情報資産の廃棄に際して、廃棄をアウトソースした場合は確実に廃棄されたことを著すエビデンスが求められる。

5.11 資産の返却

管理策比較表			
	2022年版		2013年版
管理策	5.11	資産の返却	A.8.1.4　資産の返却
	要員及び必要に応じてその他の利害関係者は、雇用、契約又は合意の変更又は、終了時に、自らが所持する組織の資産の全てを返却しなければならない。		全ての従業員及び外部の利用者は、雇用、契約又は合意の終了時に、自らが所持する組織の資産の全てを返却すること。

●目 的

雇用や契約、合意を変更または終了するプロセスの一環として、組織の資産を保護するため。

●解釈と注意する点

雇用や外部利用者の変更または終了時のプロセスにおいて、前もって支給された物理的・電子的資産（組織が管理責任を持つ、または組織に委託されたもの）のすべてを返却させることが必要である。そのために、組織は返却するすべての情報とその他の関連資産を、明確に特定して文書化する。組織の資産を適切に保護し、管理し、返却を確実にするための管理策とする。

審査員が教える運用のポイント

雇用・契約終了時には、貸与物や情報機器類を返却させる必要がある。また、返却ルールや契約に基づき、返却のエビデンスを保管することが求められる。電子的資産の返却と同期して、アクセス権も確実に削除されていること（「5.15 アクセス制御」を参照）と、返却資産の処理において特に保管・再利用する際には、識別のラベル付けの実施状況も確認する（「5.13 情報のラベル付け」を参照）。

5 組織的管理策
5.12 情報の分類

<table>
<tr><td colspan="5" align="center">管理策比較表</td></tr>
<tr><td rowspan="3">管理策</td><td colspan="2" align="center">2022 年版</td><td colspan="2" align="center">2013 年版</td></tr>
<tr><td>5.12</td><td>情報の分類</td><td>A.8.2.1</td><td>情報の分類</td></tr>
<tr><td colspan="2">情報は、機密性、完全性、可用性及び関連する利害関係者の要求事項に基づく組織の情報セキュリティのニーズに従って、分類しなければならない。</td><td colspan="2">情報は、法的要求事項、価値、重要性、及び認可されていない開示又は変更に対して取扱いに慎重を要する度合いの観点から、分類すること。</td></tr>
</table>

●目 的
　組織における情報の重要度に従って、情報の保護の要件を特定および理解することを確実にするため。

●解釈と注意する点
　情報資産を明確に分類して、管理することを示している。組織は、分類体系において機密性や完全性、可用性の要求事項を考慮する。組織に対する情報の重要性に応じて、情報の適切なレベルでの保護を確実にするために、情報の分類の管理策を示している。

審査員が教える運用のポイント
　情報資産は、利害関係者の要求事項に基づいた機密性、完全性、可用性を明記することが求められている。具体的には、資産目録での機密性、完全性、可用性についてのスコアリングが求められる。

5 組織的管理策

5.13 情報のラベル付け

管理策比較表			
	2022年版		2013年版
管理策	5.13 情報のラベル付け	A.8.2.2	情報のラベル付け
	情報のラベル付けに関する適切な一連の手順は、組織が採用した情報分類体系に従って策定し、実施しなければならない。		情報のラベル付けに関する適切な一連の手順は、組織が採用した情報分類体系に従って策定し、実施すること。

●目 的

情報分類の伝達を容易にし、情報の処理と管理の自動化を支援するため。

●解釈と注意する点

情報の重要性に応じて、情報の適切なレベルでの保護を確実にするための管理策である。情報のラベル付けに関する手順は、あらゆる形式の情報と関連資産に適用でき、管理策5.12での分類体系を反映している。

●クラウドサービス固有の実施の手引き

実施の手引き 14.1.1	クラウドサービスカスタマ	クラウドサービスプロバイダ
	クラウドサービスカスタマは、採用したラベル付けの手順に従って、クラウドコンピューティング環境に保持する情報及び関連資産にラベル付けをすることが望ましい。適用可能な場合には、クラウドサービスプロバイダが提供する、ラベル付けを支援する機能が採用できる。	クラウドサービスプロバイダは、クラウドサービスカスタマが情報及び関連資産を分類し、ラベル付けするためのサービス機能を文書化し、開示することが望ましい。

審査員が教える運用のポイント

資産目録の各アイテムおよび管理し体系化されている文書は、それぞれに分類体系と識別のためのラベル付けが必要で、電子データではアクセス

制御など、紙情報その他では、例えば「機密」「社外秘」などに容易に識別・管理できる。

クラウドサービスカスタマ

クラウドコンピューティング環境に保持する情報や関連資産を採用したラベル付けの手順に従って管理する。クラウドサービスプロバイダが提供する管理プロセスがあれば、そのポリシーに基づく利用を確認する。

クラウドサービスプロバイダ

クラウドサービスカスタマが分類し、ラベル付けに必要なサービス機能をサービス仕様書、ユーザーマニュアルなどでの文章化と開示を確認する。

5 組織的管理策

5.14 情報転送

管理策比較表			
	2022年版		2013年版
管理策	5.14	情報転送	A.13.2.1　情報転送の方針及び手順
	情報の転送の規則、手順又は合意を、組織内及び組織と他の関係者との間の全ての種類の転送手段に関して備えなければならない。		あらゆる形式の通信設備を利用した情報転送を保護するために、正式な転送方針、手順及び管理策を備えなければならない。
			A.13.2.2　情報転送に関する合意
			合意では、組織と外部関係者との間の業務情報のセキュリティを保った転送について、取り扱わなければならない。
			A.13.2.3　電子的メッセージ通信
			電子的メッセージ通信に含まれた情報は、適切に保護すること。

5 組織的管理策

●目 的

組織内および外部の利害関係者との間で、転送される情報のセキュリティを維持するため。

●解釈と注意する点

組織の内部および外部に転送した情報の、セキュリティを維持するための管理策を示している。電子的メッセージ通信を含む情報転送における規則や手順などの合意について、明確化するための管理策である。

審査員が教える運用のポイント

社内ネットワークの管理状況とともに、ネットワークが制御できている状態にあることを確認する。「ネットワーク図」の作成と定期的な更新、ネットワーク機器の管理方法や設定方法の手順の確認、さらにはネットワーク全体のログを取ることも必要に応じて実施する。メール以外にもSNSのメッセージ機能やクラウドストレージサービスの利用の有無、情報の種類やルールなどは、情報セキュリティの観点からの実装状況がポイントとなる。

また、転送方法については転送先との合意を取り付けておく。メールでの転送の場合、"ZIPパスワード"によるデータ搾取の予防策の実施など、情報を保護するための適切な手順とその実施状況も確認を怠らないようにする。

5 組織的管理策

5.15 アクセス制御

管理策比較表			
	2022年版		2013年版
	5.15 アクセス制御	A.9.1.1	アクセス制御方針
管理策	情報及びその他の関連資産への物理的及び論理的アクセスを制御するための規則を、事業上及び情報セキュリティの要求事項に基づいて確立し、実施しなければならない。	アクセス制御方針は、業務及び情報セキュリティの要求事項に基づいて確立し、文書化し、レビューすること。	
		A.9.1.2	ネットワーク及びネットワークサービスへのアクセス
		利用することを特別に認可したネットワーク及びネットワークサービスへのアクセスだけを、利用者に提供すること。	

●目 的

情報及びその他の関連資産への認可されたアクセスを行わせ、認可されていないアクセスを防ぐことを確実にするため。

●解釈と注意する点

アクセス制御の詳細は、箇条4.3項の境界及び適用範囲や管理策8.24の暗号の利用などと関連して、組織の適切なリスクアセスメントの結果により導かれた管理者およびユーザ双方に必要な管理策を規定する。アクセス制御の詳細には、プログラムソースコードや関連書類（例えば設計書や仕様書、検証計画書、妥当性確認計画書）も対象となり、認可されていない機能が入り込むことを防止し、意図しない変更を回避し、価値の高い知的財産の機密性を維持するため厳重に管理する。情報および情報処理施設へのアクセスを制限するための管理策を示している。

●クラウドサービス固有の実施の手引き

実施の手引き 9.1.2	クラウドサービスカスタマ	クラウドサービスプロバイダ
	クラウドサービスカスタマの、ネットワークサービス利用のためのアクセス制御方針では、利用するそれぞれのクラウドサービスへの利用者アクセスの要求事項を定めることが望ましい。	—

審査員が教える運用のポイント

　各システムへのアクセス制御では、「ユーザID」の"適切な割り当て"がなされていることを確認する。退職や異動などでIDが無効になるときも確実に処理が行われるように手順を定めて、その通りに実行できていることを確かめる。"適切な割り当て"とは、新規ユーザの登録や退職、異動などによる無効化の実施時期の適切性も含み、実施したエビデンスの提示を求められる。

　また、サーバ管理者やネットワーク管理者など特権を付与された実務管理者は必要最小限とするほか、不正発生のリスクを勘案した特権の利用状況に加えて、ログ監視の実施状況を確認する。パスワードや生体認証など重要度に応じた対応の適切性として、「パスワードの長さや複雑さ、推測されにくいなど」のルールを定めて管理することが求められる。特権的なユーティリティプログラムは目的外利用を制限し、プログラムソースコードなどは専用の保管場所（フォルダなど）でバージョン管理を厳格に行うことが望まれる。

クラウドサービスカスタマ

　組織が利用するクラウドサービスへアクセスするためのアクセス制御に関するルール方針の開示に対して、組織の情報セキュリティポリシーと照査し、利用の可不可の判断をした証跡の確認をする。パブリッククラウドをプラットフォームとして提供される場合には、パブリッククラウドのアクセス制御方針を踏襲していることを確認する。

5 組織的管理策

5.16 識別情報の管理

管理策比較表			
	2022年版		2013年版
管理策	5.16 識別情報の管理	A.9.2.1	利用者登録及び登録削除
	識別情報のライフサイクル全体を管理しなければならない。		アクセス権の割当てを可能にするために、利用者の登録及び登録削除についての正式なプロセスを実施すること。

●目 的

組織の情報およびその他の関連資産にアクセスする個人やシステムを一意に特定できるようにし、アクセス権を適切に割り当てることができるようにするため。

●解釈と注意する点

システムやサービスへの認可された利用者のアクセスを確実にし、認可されていないアクセスを防止するために利用者アクセスを管理する策を示している。識別情報のライフサイクル全体を管理するという表現で、システムやサービスへの利用者登録および登録削除の管理を、確実に行うことを求めている。

審査員が教える運用のポイント

システムやサービスの利用者におけるアクセス権の設定は、ルールに基づいて機を失せず実施されているかを検証する。ポイントとしては、「5.15 アクセス制御」「5.17 認証情報」「5.18 アクセス権」と密接に関連しており、その観点で一意での確認、検証を実施する。組織の人事情報およびサービス提供プロセスの場合は、顧客や外部関係先など利用者の動向との同期について検証することも含まれる。

5.17 認証情報

管理策比較表			
	2022年版		2013年版
管理策	5.17 認証情報	A.9.2.4	利用者の秘密認証情報の管理
	認証情報の割当て及び管理は、認証情報の適切な取扱いについて要員に助言することを含む管理プロセスによって管理しなければならない。	秘密認証情報の割当ては、正式な管理プロセスによって管理すること。	
		A.9.3.1	秘密認証情報の利用
		秘密認証情報の利用時に、組織の慣行に従うことを、利用者に要求すること。	
		A.9.4.3	パスワード管理システム
		パスワード管理システムは、対話式でなければならず、また、良質なパスワードを確実とするものでなければならない。	

●目 的

適切なエンティティ認証を確実にし、認証プロセスの失敗を防ぐため。

●解釈と注意する点

システムやサービスへの認可された利用者のアクセスを確実にし、認可されていないアクセスを防止する。さらに、利用者に対しては自らの秘密認証情報を保護する責任を持たせ、システムやアプリケーションへの認可されていないアクセスを防止するための管理策を認証情報として示している。

●クラウドサービス固有の実施の手引き

実施の手引き 9.2.4	クラウドサービスカスタマ	クラウドサービスプロバイダ
	クラウドサービスカスタマは、パスワードなどの秘密認証情報を割り当てるための、クラウドサービスプロバイダの管理手順が、クラウドサービスカ	クラウドサービスプロバイダは、秘密認証情報を割り当てる手順、及び利用者認証手順を含む、クラウドサービスカスタマの秘密認証情報の管理のた

| | スタマの要求事項を満たすことを検証することが望ましい。 | めの手順について情報を提供することが望ましい。 |

審査員が教える運用のポイント

　機密情報など許可された利用者のアクセスに際して、利用者自らがその機密情報の保護に関与する責任を確実に理解している前提が重要となる。そのための力量を実装させる教育に加え、場合によっては制約などの実施状況を確認する。

　また許可されていないアクセスの防止という観点では、許可されていないアクセスの事象について、例えば不許可ログの収集として、具体的には頻度や時間帯などのエビデンスを必要に応じて入手しているかを、情報資産の重要性を鑑みて確認する。それらのエビデンスは必要に応じて管理層で共有し、インシデント管理活動につなげ、リスク低減策に反映していることが望まれる。「5.18 アクセス権」と密接に関連していることも考慮する。

クラウドサービスカスタマ

　秘密認証情報として、パスワードなどを割り当てるためのクラウドサービスプロバイダの管理手順が、組織の要求事項を満たすことを検証し、その証跡を確認する。

クラウドサービスプロバイダ

　秘密認証情報としてパスワードなどを割り当てる手順、および利用者認証手順を含むクラウドサービスカスタマの秘密認証情報の管理手順を提供していることを、ホワイトペーパーやサービス仕様書、ユーザーマニュアルなどに記載していることを確認する。

5.18 アクセス権

管理策比較表			
	2022年版		2013年版
管理策	5.18　アクセス権		A.9.2.2　利用者アクセスの提供 (provisioning)
	情報及びその他の関連資産へのアクセス権は、組織のアクセス制御に関するトピック固有の方針及び規則に従って、提供、レビュー、変更及び削除しなければならない。		全ての種類の利用者について、全てのシステム及びサービスへのアクセス権を割り当てる又は無効化するために、利用者アクセスの提供についての正式なプロセスを実施すること。
			A.9.2.5　利用者アクセス権のレビュー
			資産の管理責任者は、利用者のアクセス権を定められた間隔でレビューすること。
			A.9.2.6　アクセス権の削除又は修正
			全ての従業員及び外部の利用者の情報及び情報処理施設に対するアクセス権は、雇用、契約又は合意の終了時に削除しなければならず、また、変更に合わせて修正すること。

●目 的

　情報およびその他の関連資産へのアクセスが、業務上の要求事項に従って定義や認可されることを確実にするため。

●解釈と注意する点

　利用者のシステムやサービスへ利用者のアクセス権管理の管理策である。

●クラウドサービス固有の実施の手引き

実施の手引き 9.2.2	クラウドサービスカスタマ	クラウドサービスプロバイダ
	—	クラウドサービスプロバイダは、クラウドサービスカスタマのクラウドサービスユーザのアクセス権を管理する機

	能及びそれを利用するための仕様を提供することが望ましい。

審査員が教える運用のポイント

「5.17 認証情報」と密接に関連し、システムやサービスへのアクセス権は業務可用性に準じた状態の維持と、アクセスルールに基づくアクセス権管理が望まれる。

クラウドサービスプロバイダ

クラウドサービスカスタマに対し、クラウドサービスユーザのアクセス権管理のための機能や仕様、ユーザーマニュアルなどの提供と実施を確認する。

5 組織的管理策

5.19 供給者関係における情報セキュリティ

		管理策比較表		
		2022 年版		**2013 年版**
管理策	5.19	供給者関係における情報セキュリティ	A.15.1.1	供給者関係のための情報セキュリティの方針
	供給者の製品又はサービスの利用に関連する情報セキュリティリスクを管理するためのプロセス及び手順を定め、実施すること。		組織の資産に対する供給者のアクセスに関連するリスクを軽減するための情報セキュリティ要求事項について、供給者と合意し、文書化しなければならない。	

●目 的

供給者関係において合意したレベルの情報セキュリティを維持するため。

●解釈と注意する点

供給者がアクセスできる組織の資産の保護を確実にするためだけでなく、供給者が提供する製品やサービスの使用に関連するセキュリティリス

クに対処するためのプロセスや手順を特定し、実施することを求めている。これには、組織によるクラウドサービスプロバイダの資源の使用も含まれる。

●クラウドサービス固有の実施の手引き

実施の手引き 15.1.1	クラウドサービスカスタマ	クラウドサービスプロバイダ
	クラウドサービスカスタマは、クラウドサービスプロバイダを供給者の一つとして、供給者関係のための情報セキュリティの方針に含めることが望ましい。これはクラウドサービスプロバイダによるクラウドサービスカスタマデータへのアクセス及びクラウドサービスカスタマデータの管理に関するリスクの低減に役立つ。	―

審査員が教える運用のポイント

供給者が提供する製品やサービスそれぞれの情報セキュリティリスクという観点では、製品では資産目録から、サービスでは業務プロセスから導き出される、リスクアセスメントの結果を反映したセキュリティリスクに基づくことが重要である。組織の情報セキュリティポリシーに則した管理プロセスによるサプライヤーの「管理手順」と、それに基づく「機密保持契約」の実施状況を検証する。

クラウドサービスカスタマ

クラウドサービスプロバイダについても供給者の一つとして、供給者関係のための情報セキュリティの方針に含めて、「管理手順」とそれに基づく「機密保持契約」の実施状況を検証する。

5 組織的管理策

5.20 供給者との合意における 情報セキュリティの取扱い

管理策比較表				
	2022年版		2013年版	
	5.20	供給者との合意における情報セキュリティの取扱い	A.15.1.2	供給者との合意におけるセキュリティの取扱い
管理策	供給者関係の種類に応じて、関連する情報セキュリティ要求事項を確立し、各供給者と合意しなければならない。		関連する全ての情報セキュリティ要求事項を確立しなければならず、また、組織の情報に対して、アクセス、処理、保存若しくは通信を行う、又は組織の情報のためのIT基盤を提供する可能性のあるそれぞれの供給者と、この要求事項について合意すること。	

●**目 的**

供給者関係において合意したレベルの情報セキュリティを維持するため。

●**解釈と注意する点**

供給者がアクセスできる組織の資産の保護を確実にし、また供給者が提供する製品やサービスの使用に関連するセキュリティリスクに対処するために、供給者関係の種類に応じた適切な情報セキュリティ要求事項について、合意をすることを管理策として示している。供給者関係の対象は、他の管理策も合わせて考慮した組織の適切なリスクアセスメントの結果によって導かれる。8.1項の運用の計画及び管理の要求事項と関連する。

●クラウドサービス固有の実施の手引き

実施の手引き 15.1.2	クラウドサービスカスタマ	クラウドサービスプロバイダ
	クラウドサービスカスタマは、サービス合意書に記載されている、クラウドサービスに関連する情報セキュリティの役割及び責任を確認することが望ましい。これらには次のプロセスが含まれ得る。 －マルウェアからの保護 －バックアップ －暗号による管理策 －ぜい弱性管理 －インシデント管理 －技術的順守の確認 －セキュリティ試験 －監査 －ログ及び監査証跡を含む、証拠の収集、保守及び保護 －サービス合意の終了時の情報の保護 －認証及びアクセス制御 －アイデンティティ管理及びアクセス管理	クラウドサービスプロバイダは、クラウドサービスカスタマとの間で誤解が生じないことを確実にするために、合意の一部として、クラウドサービスプロバイダが実施する、クラウドサービスカスタマに関係する情報セキュリティ対策を特定することが望ましい。クラウドサービスプロバイダが実施する、クラウドサービスカスタマに関係する情報セキュリティ対策は、クラウドサービスカスタマが利用するクラウドサービスの種類によって異なることがある。

審査員が教える運用のポイント

　供給者が組織の業務を遂行する上で必要な、組織の情報資産を保護することが重要となる。そのための「機密保持契約」が「基本契約書」とともに存在していること、およびリスクアセスメントの結果を反映したセキュリティリスクに基づくことが重要であり、それらの有効性について確認する。

クラウドサービスカスタマ

　サービス合意書に記載されている、クラウドサービスに関連する情報セキュリティの役割と責任について、確認状況を検証する。具体的にはマルウェア対策やバックアップおよびリストアに関する内容、暗号化、ぜい弱性、インシデント管理の実施方法、技術的順守事項、セキュリティ試験の結果、ログおよび監査証跡を含む証拠の収集と保守・保護の実施方法、

サービス合意の終了時の情報保護、認証・アクセス制御、アクセス管理などについて、クラウドサービスプロバイダとのサービス仕様書などで組織の要求事項と同期していることの確認証跡を検証する。

クラウドサービスプロバイダ

　クラウドサービスカスタマに関連する情報セキュリティ対策を理解する。クラウドサービスカスタマとの間で誤解が生じないように、合意形成の一環として、クラウドサービスプロバイダがクラウドサービスカスタマの情報セキュリティに関するRFPとの照査を、実施していることを確認する。

5.21 情報通信技術（ICT）サプライチェーンにおける情報セキュリティの管理

管理策比較表				
管理策	2022年版		2013年版	
	5.21	情報通信技術（ICT）サプライチェーンにおける情報セキュリティの管理	A.15.1.3	ICTサプライチェーン
	ICT製品及びサービスのサプライチェーンに関連する情報セキュリティリスクを管理するためのプロセス及び手順を定め、実施しなければならない。		供給者との合意には、情報通信技術（ICT）サービス及び製品のサプライチェーンに関連する情報セキュリティリスクに対処するための要求事項を含めなければならない。	

●**目 的**

　供給者関係において合意したレベルの情報セキュリティを維持するため。

●**解釈と注意する点**

　供給者がアクセスできる組織の資産の保護を確実にし、また供給者が提供する製品やサービスの使用に関連するセキュリティリスクに対処するために、ICT製品やサービスのサプライチェーンにおける情報セキュリティリスクに対処することを管理するための策を示している。供給者関係の対象は、他の管理策も合わせて考慮した組織の適切なリスクアセスメントの結果によって導かれる。8.1項の運用の計画及び管理の要求事項と関連する。ICTサプライチェーンでは、ストレージサービスなどのクラウドコンピューティングサービスも含まれる。

●クラウドサービス固有の実施の手引き

実施の手引き 15.1.3	クラウドサービスカスタマ	クラウドサービスプロバイダ
	—	クラウドサービスプロバイダがピアクラウドサービスプロバイダのクラウドサービスを利用する場合、情報セキュリティ水準を自身のクラウドサービスカスタマに対するものと同等又はそれ以上に保つことを確実にすることが望ましい。クラウドサービスプロバイダは、サプライチェーンでクラウドサービスを提供する場合は、供給者に対して情報セキュリティ目的を示し、それを達成するためのリスクマネジメント活動の実施を要求することが望ましい

審査員が教える運用のポイント

　供給者との合意事項である「機密保持契約」の内容には、ICTによるコミュニケーションの方法で、例えばWeb会議システムの利用に関するセキュリティ手順と合意や、供給者が再供給を受ける2次サプライヤーの情報セキュリティ要求も網羅的に包含していることを確認する。

　クラウドコンピューティングサービスの場合は、多くはストレージサプライヤーが提供する合意書に基づくが、その場合も組織のリスクアセスメントの結果が反映された形であることを確認する。併せて、テレワーキングでの作業環境における個人が契約したネットワークのセキュリティ確認の実施状況も、組織の基準に照合して対応状況を確認する。

クラウドサービスプロバイダ

　クラウドサービスプロバイダがピアクラウドサービスプロバイダのクラウドサービスを利用する場合には、情報セキュリティの水準を自身が提供するものと同等かそれ以上に保つことが求められており、ピアクラウドサービスプロバイダに対して情報セキュリティ要求事項を提示し、同等であることの確認と検証を実施する。

5.22 供給者のサービス提供の監視、レビュー及び変更管理

管理策比較表				
	2022年版		2013年版	
管理策	5.22	供給者のサービス提供の監視、レビュー及び変更管理	A.15.2.1	供給者のサービス提供の監視及びレビュー
	組織は、供給者の情報セキュリティの活動及びサービス提供を定常的に監視し、レビューし、評価し、変更を管理しなければならない。		組織は、供給者のサービス提供を定常的に監視し、レビューし、監査すること。	
			A.15.2.2	供給者のサービス提供の変更に対する管理
			関連する業務情報、業務システム及び業務プロセスの重要性、並びにリスクの再評価を考慮して、供給者によるサービス提供の変更（現行の情報セキュリティの方針群、手順及び管理策の保守及び改善を含む）を管理すること。	

●目 的

　供給者との合意に沿って、合意したレベルの情報セキュリティおよびサービスの提供を維持するため。

●解釈と注意する点

　供給者との合意に沿って、情報セキュリティおよびサービス提供について、合意したレベルを維持するための管理策を示している。そのためには供給者のサービスを監視し、レビューや変更管理をすることによって、その合意における情報セキュリティの条件の順守を確実にし、情報セキュリティのインシデントや問題の適切な管理を確実にすることが求められる。

審査員が教える運用のポイント

　組織の情報セキュリティポリシーに基づき、供給者と合意（「5.20 供給

者との合意における情報セキュリティの取扱い」）した内容を踏まえ、情報セキュリティ状況を監視することへの要求事項である。実務上での監視という観点では、組織のサプライヤーに要求するセキュリティ項目について、その実装状況をいわゆる「チェックリスト」の提出と宣誓するエビデンスに求めることが多い。

また、重要な業務を委託するサプライヤーには定期的な立ち入り監査と、組織のシステムに接続が許可されている場合には、アクセス権の見直しやアクセスログの監視も必要となる。教習者の監視結果として、例えば「供給者のセキュリティ評価」がエビデンスとしてアウトプットされ、情報セキュリティの実装状況について監視結果のスコアリングを用いる。これらにより、継続的な供給契約を判定するための「レビュー」の実施が求められる。

5 組織的管理策

5.23 クラウドサービスの利用における 情報セキュリティ【新規管理策】

管理策比較表			
		2022年版	2013年版
管理策	5.23	クラウドサービスの利用における情報セキュリティ	— 該当なし
	クラウドサービスの調達、利用、管理及び利用終了のプロセスを、組織の情報セキュリティ要求事項に従って確立しなければならない。		—

●目 的

クラウドサービスの利用における情報セキュリティを規定および管理するため。

●解釈と注意する点

　クラウドサービス利用においては、情報セキュリティリスク要求事項を明確（個別方針やリスクアセスメント、管理方法の定義、伝達など）にし、管理することが求められている。対象プロセスには取得時や利用時、管理時、終了時の視点から検討すべきである。

　検討においては機密性や完全性、可用性の視点を重視する。さらには利用に際して、クラウドサービスプロバイダやクラウドサービスカスタマの視点から検討し、サービス内容をレビューするとよい。

審査員が教える運用のポイント

　クラウドサービスを利用する場合も、クラウドサービスプロバイダを供給者と位置づけ、組織のセキュリティ要求事項に基づいて管理することが求められる。クラウドサービスプロバイダのセキュリティ評価は、クラウドサービスプロバイダの「システム運用に関するガイダンス」に基づく約款で規定されていることが多く、組織のセキュリティ要求と約款を照査し、インシデント発生時の体制や運用全般の体制、SLAに基づく情報の提供などについて、利用マニュアルに明示されていることが重要である。

　これらに従い、クラウドサービスプラットフォームとしてアプリケーションを顧客へ提供する場合も、クラウドサービスの約款と運用規約との整合を整え、顧客との提供契約がなされていることがポイントとなる。

5 組織的管理策

5.24 情報セキュリティインシデント管理の計画策定及び準備

管理策比較表				
	2022年版		2013年版	
管理策	5.24	情報セキュリティインシデント管理の計画策定及び準備	A.16.1.1	責任及び手順
	組織は、情報セキュリティインシデント管理のプロセス、役割及び責任を定め、確立し、伝達することによって、情報セキュリティインシデント管理を計画し、準備しなければならない。		情報セキュリティインシデントに対する迅速、効果的かつ順序立てた対応を確実にするために、管理層の責任及び手順を確立すること。	

●目 的

　情報セキュリティ事象に関する伝達を含む、情報セキュリティインシデントについて迅速かつ効果的で、一貫性があり秩序のある対応を確実にするため。

●解釈と注意する点

　セキュリティ事象およびセキュリティ弱点に関する伝達を含む、情報セキュリティインシデントの管理とその改善をするための、一貫性のある効果的な取り組みを確実にする管理策を示している。情報セキュリティインシデントの管理の詳細は、組織の適切なリスクアセスメントの結果により導かれる。この管理策では、情報セキュリティインシデントの管理について責任ある人々が、組織が決めた情報セキュリティインシデントの取り扱いの優先順位を決める。

　発生時には、訓練された情報セキュリティインシデント対応要員が管理する。そのための計画と準備をすることを求めている。箇条10.2項の不適合及び是正処置の要求事項が関連する。

●クラウドサービス固有の実施の手引き

実施の手引き 16.1.1	クラウドサービスカスタマ	クラウドサービスプロバイダ
	クラウドサービスカスタマは、情報セキュリティインシデント管理についての責任の割当てを検証し、それがクラウドサービスカスタマの要求事項を満たすことを確認することが望ましい。	クラウドサービスプロバイダは、クラウドサービスカスタマとクラウドサービスプロバイダとの間の、情報セキュリティインシデント管理に関する責任の割当て及び手順を、サービス仕様の一部として定めることが望ましい。クラウドサービスプロバイダは、クラウドサービスカスタマに、次のことを含む文書を提供することが望ましい。 －クラウドサービスプロバイダがクラウドサービスカスタマに報告する情報セキュリティインシデントの範囲 －情報セキュリティインシデントの検出及びそれに伴う対応の開示レベル －情報セキュリティインシデントの通知を行う目標時間 －情報セキュリティインシデントの通知手順 －情報セキュリティインシデントに関係する事項の取扱いのための窓口の情報 －特定の情報セキュリティインシデントが発生した場合に適用可能なあらゆる対処

審査員が教える運用のポイント

　10.2項の不適合及び是正処置の要求事項を受けて、情報セキュリティインシデントを管理するための体制を構築し、運用することが求められる。

　組織のリスクアセスメント結果に基づき、リスクが顕在化した場合を想定したインシデントの重要度と、顕在化した場合の対応体制を構築することが望まれる。管理組織は、インシデント発生時の都度召集されるプロジェクト型の場合があるほか、CSIRTによるインシデント分析と対応を専門に実施する組織体を構築することも含まれている。特にサイバー攻撃によるインシデント対応という観点では、「5.29 事業の中断・阻害時の情報セキュリティ」「5.30 事業継続のためのICTの備え」と密接に関連する。

クラウドサービスカスタマ

　クラウドサービスプロバイダの情報セキュリティインシデント管理の方法について理解し、それぞれの責任とその割り当てを考慮した上で、それが自身の要求事項を満たすか確認と検証を行う。具体的には、情報セキュリティインシデントが発生した場合のエスカレーションおよび連絡ルートと対応体制、組織の要求事項との同期を図っていることを検証する。それらはサービス仕様を確認する。

クラウドサービスプロバイダ

　クラウドサービスカスタマとクラウドサービスプロバイダとの間の、情報セキュリティインシデント管理に関する割り当ておよび手順を、サービス仕様の一部に記述して提供する。併せてインシデント情報に関する内容を含む文書について、例えば「サービス窓口体制」などを提供する。

　サービス仕様には、インシデント対応の経過についてクラウドサービスカスタマに伝達する仕組み（メール通知やHP掲載など）と、その実装状況を検証する。具体的には、報告する情報セキュリティインシデントの範囲や検出、それに伴う対応状況開示、通知を行う目標時間（SLAと紐づく）、通知手順、窓口の情報などである。

5.25 情報セキュリティ事象の評価及び決定

管理策比較表				
	2022年版		2013年版	
管理策	5.25	情報セキュリティ事象の評価及び決定	A.16.1.4	情報セキュリティ事象の評価及び決定
	組織は、情報セキュリティ事象を評価し、それらを情報セキュリティインシデントに分類するか否かを決定しなければならない。		情報セキュリティ事象は、これを評価し、情報セキュリティインシデントに分類するか否かを決定すること。	

●目 的

　情報セキュリティ事象の効果的な分類と優先順位付けを確実にするため。

●解釈と注意する点

　情報セキュリティインシデントの分類と優先順位付けの体系を明確にし、そこには、事象を情報セキュリティインシデントに分類する基準を含めることを示している。情報セキュリティ事象の連絡窓口は決められた体系に基づいて各情報セキュリティ事象を評価し、評価や決定の結果は以後の参照と検証のために、詳細に記録しておく。

【審査員が教える運用のポイント】

　情報セキュリティインシデントの管理では、発生した情報セキュリティインシデントについて経過を記録し、影響範囲の把握とリスクの低減策を適切なタイミングで指示し、その重要度に応じた対応を組織全体で共有する。顧客やステークホルダーも含んで共有する必要性も考慮され、「5.5 関係当局との連絡」と関連づけられる。それらが、インシデントのインパクトの判断により適切に管理されていることを確認する。

5 組織的管理策

5.26 情報セキュリティインシデントへの対応

管理策比較表				
	2022 年版		2013 年版	
管理策	5.26	情報セキュリティインシデントへの対応	A.16.1.5	情報セキュリティインシデントへの対応
	情報セキュリティインシデントは、文書化した手順に従って対応しなければならない。		情報セキュリティインシデントは、文書化した手順に従って対応すること。	

●目 的

　情報セキュリティインシデントへの効率的かつ効果的な対応を確実にするため。

●解釈と注意する点

　情報セキュリティインシデントへの適切な対応を行うために、文書化した手順を確立することと、発生時にはそれに従い、訓練された情報セキュリティインデント対応要員が対応することを示した管理策である。

審査員が教える運用のポイント

　情報セキュリティインシデントの対応手順の作成状況がポイントとなる。手順書は、「5.24 情報セキュリティインシデント管理の計画策定及び準備」「5.25 情報セキュリティ事象の評価及び決定」と関連し、それらを反映した手順であることが求められる。

5 組織的管理策

5.27 情報セキュリティインシデントからの学習

管理策比較表				
管理策	2022年版		2013年版	
	5.27	情報セキュリティインシデントからの学習	A.16.1.6	情報セキュリティインシデントからの学習
	情報セキュリティインシデントから得られた知識は、情報セキュリティ管理策を強化し、改善するために用いなければならない。		情報セキュリティインシデントの分析及び解決から得られた知識は、インシデントが将来起こる可能性又はその影響を低減するために用いなければならない。	

●目 的

将来のインシデントの起こりやすさや、その影響を減らすため。

●解釈と注意する点

手順に従って対応した情報セキュリティインシデントの対応結果から得られた知識を的確に評価して、再発防止のために手順や管理策を改善し、強化していくことを示した管理策である。

審査員が教える運用のポイント

情報セキュリティ対応結果と顕在化したリスクに基づく内容を組織内で共有することで、同義または類似の情報セキュリティインシデントのリスク低減策につながる活動の実施が求められる。情報セキュリティインシデントから得られた知識は、自組織のインシデントのみならず、他の組織でのインシデント発生状況や関係当局、専門組織などの最新情報も含まれる。7.2項の力量と密接に関連し、例えば情報セキュリティ教育の題材とするなど業務での実装で必要な知見として、各会議体の議題として取り上げることの必要性も考慮する。

130

5 組織的管理策

5.28 証拠の収集

管理策比較表			
	2022年版		2013年版
管理策	5.28 証拠の収集	A.16.1.7	証拠の収集
	組織は、情報セキュリティ事象に関連する証拠の特定、収集、取得及び保存のための手順を確立し、実施しなければならない。		組織は、証拠となり得る情報の特定、収集、取得及び保存のための手順を定め、適用すること。

●目 的

懲戒処置および法的処置の目的で、情報セキュリティインシデントに関連する証拠の一貫した効果的な管理を確実にするため。

●解釈と注意する点

懲戒処置および法的処置のために、情報セキュリティ事象に関連する証拠を収集する目的で手順を定め、それに従った収集の実施を示した管理策である。適用される法令要求事項を考慮し、証拠の適切な管理も重要である。

●クラウドサービス固有の実施の手引き

実施の手引き 16.1.7	クラウドサービスカスタマ	クラウドサービスプロバイダ
	クラウドサービスカスタマ及びクラウドサービスプロバイダは、クラウドコンピューティング環境内で生成される、ディジタル証拠となり得る情報及びその他の情報の提出要求に対応する手続について合意することが望ましい。	クラウドサービスカスタマ及びクラウドサービスプロバイダは、クラウドコンピューティング環境内で生成される、ディジタル証拠となり得る情報及びその他の情報の提出要求に対応する手続について合意することが望ましい。

審査員が教える運用のポイント

情報セキュリティ事象の証拠を収集するための、手順を定めることの重要性を理解する必要がある。証拠の収集とは監視の結果と強く関連し、例

えばアクセスログ監視による違反アクセス、ローカル環境へのデータダウンロード、管理媒体の使用履歴に基づく不正使用など、情報セキュリティリスクを低減するためのルールと手順が必要となる。手順に従い定常的に監視することが、証拠の特定や収取、取得、保存に結びつく。

クラウドサービスカスタマ／クラウドサービスプロバイダ（同一内容）

クラウドコンピューティング環境内で生成される情報や、その他の情報の提出要求に対応する手続きについて合意する。アクセスログやダウンロード、媒体の接続証跡などについては、事象の発生を想定し合意した手順に基づき、双方が同意内容に基づいて実施できることが望ましい。これらは、サービス仕様書などにより明確化されているものを検証する。

5 組織的管理策
5.29 事業の中断・阻害時の情報セキュリティ

管理策比較表			
2022年版		2013年版	
5.29	事業の中断・阻害時の情報セキュリティ	A.17.1.1	情報セキュリティ継続の計画
管理策	組織は、事業の中断・阻害時に情報セキュリティを適切なレベルに維持する方法を計画しなければならない。	組織は、困難な状況（adverse situation）（例えば、危機又は災害）における、情報セキュリティ及び情報セキュリティマネジメントの継続のための要求事項を決定すること。	
		A.17.1.2	情報セキュリティ継続の実施
		組織は、困難な状況の下で情報セキュリティ継続に対する要求レベルを確実にするための、プロセス、手順及び管理策を確立し、文書化し、実施し、維持すること。	

	A.17.1.3	情報セキュリティ継続の検証、レビュー及び評価
		確立及び実施した情報セキュリティ継続のための管理策が、困難な状況の下で妥当かつ有効であることを確実にするために、組織は、定められた間隔でこれらの管理策を検証すること。

5 組織的管理策

●目 的

事業の中断・阻害時に、情報およびその他の関連資産を保護するため。

●解釈と注意する点

事業継続マネジメントにおける情報セキュリティの側面は、組み込まれた組織の事業継続マネジメントシステムの構成として管理され、組織の適切なリスクアセスメントの結果によって導かれる。情報セキュリティおよび情報セキュリティマネジメントの継続に必要な要求事項の決定と実施、検証、レビューおよび評価を管理する。困難な状況（例えば危機や災害など）において、既存の情報セキュリティ管理策を維持する。

また、維持することが困難な情報セキュリティ管理策を補うための管理策を実施し、情報セキュリティおよび情報セキュリティマネジメントの継続を管理する。情報セキュリティ継続を組織の事業継続マネジメントシステムに組み込むための管理策を示している。

審査員が教える運用のポイント

事業の中断・阻害時に情報セキュリティを適切なレベルに維持することで、事業継続計画を策定することが求められている。自然災害や火災などを想定しており、主に情報の可用性と完全性に関するリスクの低減策に基づく。計画は、有事に確実に実行されることが重要であり、定期的な対応訓練の計画も含まれており、訓練結果に基づく新たなリスクアセスメントの実施状況も確認する。

5.30 事業継続のためのICTの備え
【新規管理策】

管理策比較表				
	2022年版		| 2013年版	
管理策	5.30	事業継続のためのICTの備え	―	該当なし
	事業継続の目的及びICT継続の要求事項に基づいて、ICTの備えを計画し、実施し、維持し、試験しなければならない。			―

●目 的

事業の中断・阻害時に、組織の情報およびその他の関連資産の可用性を確実にするため。

●解釈と注意する点

事業継続に関するICTの備えは、事業の中断・阻害時にも組織の目的が満たされ続けることを確実にするための、事業継続マネジメントおよび情報セキュリティマネジメントの重要な構成要素である。事業継続の目的やICT継続の要求事項を明確にした中で、ICTの備えについて計画、実施、維持、試験することが求められている。ICTサービスに関わる事業影響度分析（BIA）およびリスクアセスメントの結果に基づき、事業の中断・阻害の前、中断・阻害中と中断・阻害後の選択肢を考慮したICT継続戦略を特定し、選択するとよい。

審査員が教える運用のポイント

利用している、もしくは提供しているICTサービスに関わる事業中断および阻害要素を、それぞれICTの重要度に応じてリスクアセスメントの実施結果に基づき、ICT継続計画を作成して実施する。特定されたICTサービスの中断を想定し、バックアップデータの正確な取得と、有事の際のリ

ストアが確実に実行可能かどうかの検証（試験）を、計画に基づき実施することが望まれる。

　リカバリ処置により、計画された通りに最小限の被害に留められていることの証跡を確認する。また、計画との乖離があった場合の改善計画の有無についても確認すべきである。

5 組織的管理策

5.31 法令、規制及び契約上の要求事項

管理策比較表			
	2022 年版		2013 年版
管理策	5.31	法令、規制及び契約上の要求事項	A.18.1.1	適用法令及び契約上の要求事項の特定

	2022 年版	2013 年版
管理策	情報セキュリティに関連する法令、規制及び契約上の要求事項、並びにこれらの要求事項を満たすための組織の取組みを特定し、文書化し、また、最新に保たなければならない。	各情報システム及び組織について、全ての関連する法令、規制及び契約上の要求事項、並びにこれらの要求事項を満たすための組織の取組みを、明確に特定し、文書化し、また、最新に保たなければならない。
		A.18.1.5 暗号化機能に対する規制
		暗号化機能は、関連する全ての協定、法令及び規制を順守して用いなければならない。

●目 的

　情報セキュリティに関連する法令や規制、契約上の要求事項の順守を確実にするため。

●解釈と注意する点

　情報セキュリティに関連する法令や規制、契約上の義務に対する違反、セキュリティ上のあらゆる要求事項に対する違反を避けるための管理策を示している。これには、暗号化機能に対する規制も含まれている。リスクアセスメントの結果により、適用法令および契約上の要求事項の特定のための管理策と責任についても定め、文書化する。

　管理者は、その事業の種類に関連した要求事項を満たすために、適用されるすべての法令を特定して開示する。国外で事業を営む場合には、関連するすべての国における順守事項を定めて開示する。

●クラウドサービス固有の実施の手引き

実施の手引き 18.1.1	クラウドサービスカスタマ	クラウドサービスプロバイダ
	クラウドサービスカスタマは、関連する法令及び規制には、クラウドサービスカスタマの法域のものに加え、クラウドサービスプロバイダの法域のものもあり得ることを考慮することが望ましい。クラウドサービスカスタマは、その事業のために必要な、関係する規制及び標準に対するクラウドサービスプロバイダの順守の証拠を要求することが望ましい。第三者の監査人が発行する証明書を、この証拠とする場合がある。	クラウドサービスプロバイダは、クラウドサービスカスタマにクラウドサービスに適用される法域を知らせることが望ましい。クラウドサービスプロバイダは、関係する法的要求事項（例えば、PII保護のための暗号化）を特定することが望ましい。この情報は、また、求められたときに、クラウドサービスカスタマに提供することが望ましい。クラウドサービスプロバイダは、適用法令及び契約上の要求事項について、現在の順守の証拠をクラウドサービスカスタマに提供することが望ましい。
実施の手引き 18.1.5	クラウドサービスカスタマ	クラウドサービスプロバイダ
	クラウドサービスカスタマは、クラウドサービスの利用に適用する暗号による管理策群が、関係する合意書、法令及び規制を順守していることを検証することが望ましい。	クラウドサービスプロバイダは、適用される合意書、法令及び規制の順守をクラウドサービスカスタマがレビューするために、実施している暗号による管理策の記載を提供することが望ましい。

審査員が教える運用のポイント

　法規制や契約上必要な要求事項は、文書化して管理されることが要求される。文書化された法規制などの要求事項は、それらの改定が反映され、常に最新であることが問われる。また、文書化された要求事項は関連するすべてのステークホルダーに、組織のポータルなどで開示されていることが求められる。

クラウドサービスカスタマ

　関連する法令や規制においては、組織の関連法域やクラウドサービスプロバイダの法域を理解しておく。クラウドサービスカスタマによるサービス利用に関連して、クラウドサービスプロバイダが収集し保存する記録の保全に関する情報をクラウドサービスプロバイダに要求し、その内容との同期の確認をする。クラウドサービスプロバイダが提供する利用規約などとの整合により検証する。

クラウドサービスプロバイダ

　クラウドサービスカスタマに提供する、クラウドサービスに適用される関連法域についての情報を告知しなければならない。一般的には利用契約などに記載され、提供されている状況を確認する。

　クラウドサービスに適用する暗号による管理策が、関連する合意書や法令、規制を順守していることをクラウドサービスカスタマがレビューするため、暗号による管理策の記載を併せて提供する。クラウドサービスカスタマに対して、レビューするために許可されたアクセス権限に基づき、レビューできるように情報の相互共有を利用規約を踏まえて実施できているか検証する。

5 組織的管理策

5.32 知的財産権

<table>
<tr><th colspan="5">管理策比較表</th></tr>
<tr><th rowspan="5">管理策</th><th colspan="2">2022年版</th><th colspan="2">2013年版</th></tr>
<tr><td>5.32</td><td>知的財産権</td><td>A.18.1.2</td><td>知的財産権</td></tr>
<tr><td colspan="2">組織は、知的財産権を保護するための適切な手順を実施しなければならない。</td><td colspan="2">知的財産権及び権利関係のあるソフトウェア製品の利用に関連する、法令、規制及び契約上の要求事項の順守を確実にするための適切な手順を実施すること。</td></tr>
<tr><td>A.18.1.5</td><td>暗号化機能に対する規制</td></tr>
<tr><td colspan="2">暗号化機能は、関連する全ての協定、法令及び規制を順守して用いなければならない。</td></tr>
</table>

●**目 的**

　知的財産権および権利関係のある製品の利用に関連する法令、規制、契約上の要求事項の順守を確実にするため。

●**解釈と注意する点**

　情報セキュリティに関連する法令、規制、契約上の義務に対する違反、セキュリティ上のあらゆる要求事項に対する違反を避けるための管理策のうち、知的財産権に関する管理策を示している。知的財産権には、ソフトウェアまたは文書の著作権、意匠権、商標権、特許権、ソースコード使用許諾権が含まれる。

●クラウドサービス固有の実施の手引き

実施の手引き 18.1.2	クラウドサービスカスタマ	クラウドサービスプロバイダ
	クラウドサービスに商用ライセンスのあるソフトウェアをインストールすることは、そのソフトウェアのライセンス条項への違反を引き起こす可能性がある。クラウドサービスカスタマは、クラウドサービスにライセンスソフトウェアのインストールを許可する前にクラウドサービス固有のライセンス要求事項を特定する手順をもつことが望ましい。クラウドサービスが弾力性がありスケーラブルで、ライセンス条項で認められる以上のシステム又はプロセッサコアでソフトウェアが動作する可能性がある場合について、特に注意を払うことが望ましい。	クラウドサービスプロバイダは、知的財産権の苦情に対応するためのプロセスを確立することが望ましい。

審査員が教える運用のポイント

　組織の知的財産としての保護を実施できている状況を確認する。組織の知的財産が正しく特定され、定説なリスクアセスメントに基づく活動ができているかを確認する。例えば、それらの保護のための格納されているストレージへのアクセス権の付与と改廃、アクセスログなどについて組織の管理策に基づくルールと照査し、正しく実施できていることを確認する。

クラウドサービスカスタマ

　クラウドサービス固有のライセンス要求事項を特定する手段を講じる必要があり、利用規約などに記載していることを確認する。

クラウドサービスプロバイダ

　知的財産権の苦情に対応するため、クラウドサービスプロバイダは組織内に、例えば法務関連の専門組織による対応体制を確立し、クラウドサービスカスタマに通知していることを利用規約などで確認する。

5 組織的管理策
5.33 記録の保護

管理策比較表				
	2022年版		**2013年版**	
管理策	5.33	記録の保護	A.18.1.3	知的財産権
	記録は、消失、破壊、改ざん、認可されていないアクセス及び不正な流出から保護しなければならない。		記録は、法令、規制、契約及び事業上の要求事項に従って、消失、破壊、改ざん、認可されていないアクセス及び不正な流出から保護すること。	

●**目 的**

法令や規制、契約上の要求事項、記録の保護および可用性に関連する共同体、または社会の期待の順守を確実にするため。

●**解釈と注意する点**

情報セキュリティに関連する法令、規制、契約上の義務に対する違反、セキュリティ上のあらゆる要求事項に対する違反を避けるため、具体的な組織の記録の保護について決定する。その情報に適用されている情報セキュリティ分類を実施し、また記録とそれらの記録を保持する期間を明確にした保持計画を作成することが示されている。

●**クラウドサービス固有の実施の手引き**

実施の手引き 18.1.3	クラウドサービスカスタマ	クラウドサービスプロバイダ
	クラウドサービスカスタマは、クラウドサービスカスタマによるクラウドサービスの利用に関連して、クラウドサービスプロバイダが収集し、保存する記録の保護に関する情報を、クラウドサービスプロバイダに要求することが望ましい。	クラウドサービスプロバイダは、クラウドサービスカスタマによるクラウドサービスの利用に関連して、クラウドサービスプロバイダが収集し、保存する記録の保護に関する情報を、クラウドサービスカスタマに提供することが望ましい。

審査員が教える運用のポイント

　一般的に、記録は文書管理の一環として確認する。記録の重要性は、法的規制要求事項や組織の情報セキュリティ要求事項に基づき、管理方式を決定されている状況であることを鑑み、管理ルールに基づいて格納され、利用されていることを確認する。

　物理的な格納という観点では格納場所の鍵管理やアクセス記録を、ストレージへの格納の場合はアクセス権の付与と改廃、アクセスログなどについて、組織の管理策に基づくルールと照査し、正しく実施できていることを確認する。7.5項の文書化した情報の管理と密接に関連する。

クラウドサービスカスタマ

　クラウドサービスカスタマによるサービス利用に関連し、プロバイダが収集して保存する記録の保護に関する情報をプロバイダに要求する。利用規約や基本契約などの使用許諾権に基づいて記録の保護は実施されるが、サービス終了時における記録の保護は、クラウドサービスカスタマが保護期間についての取り決めに基づいて確認する。

クラウドサービスプロバイダ

　クラウドサービスカスタマによるサービス利用に関連し、クラウドサービスプロバイダが収集して保存する記録の保護に関する情報をカスタマに提供することが、基本契約などに基づく利用規約で明示されていることを確認する。解約・サービス終了時には、合意された期間まで記録は保護されていることを検証する。

5.34 プライバシー及び個人識別可能情報（PII）の保護

管理策比較表				
	2022年版		**2013年版**	
管理策	5.34	プライバシー及び個人識別可能情報（PII）の保護	A.18.1.4	プライバシー及び個人を特定できる情報（PII）の保護
	組織は、適用される法令、規制及び契約上の要求事項に従って、プライバシー及びPIIの保護に関する要求事項を特定し、満たさなければならない。		プライバシー及びPIIの保護は、関連する法令及び規制が適用される場合には、その要求に従って確実にすること。	

●**目 的**

　PIIの保護における情報セキュリティの側面に関連する法令、規制、契約上の要求事項の順守を確実にするため。

●**解釈と注意する点**

　関連する法令や規制を考慮に入れ、プライバシーおよびPIIの保護に関する組織固有の個別方針を確立し、保護のための手順を策定して実施する。また、個人を特定できる情報の処理に関わるすべての利害関係者に伝達することが示されており、順守のために適切な役割や責任者、管理策を明確にする。

審査員が教える運用のポイント

　組織で収集し、事業に供するための個人情報保護の実施状況を確認する。個人を特定可能な情報（機微な情報も含む）の格納方法やアクセスの管理状況について組織のルールが定められ、それに基づく実施状況を確認する。それらのデータはアクセス権によりアクセス者が明示され、アクセスログが収集されているような仕組みが実装されていることが求められる。

特に、マイナンバー情報などはその扱いについて確認すると同時に、外部ストレージへ格納する場合はそれらのシステムについて、組織の情報セキュリティ要求事項との整合性を確認しなければならない。また、それらPII情報について不要となった場合における処置についても、組織のルールを照査し、定められた方法で破棄されていることを確認する。

5 組織的管理策

5.35 情報セキュリティの独立したレビュー

管理策比較表			
	2022 年版		2013 年版
管理策	5.35	情報セキュリティの独立したレビュー	A.18.2.1 情報セキュリティの独立したレビュー
	人、プロセス及び技術を含む、情報セキュリティ及びその実施の管理に対する組織の取組みについて、あらかじめ定めた間隔で、又は重大な変化が生じた場合に、独立したレビューを実施しなければならない。		情報セキュリティ及びその実施の管理（例えば、情報セキュリティのための管理目的、管理策、方針、プロセス、手順）に対する組織の取組みについて、あらかじめ定めた間隔で、又は重大な変化が生じた場合に、独立したレビューを実施すること。

●目 的
情報セキュリティを管理するための組織の取り組みの継続的な適切性、十分性、有効性を確実にするため。

●解釈と注意する点

　組織は、独立したレビューを実施するためのプロセスを持ち、定期的な独立したレビューを計画して発議する。レビューは改善の機会のアセスメントを含み、また情報セキュリティ方針や個別方針、その他の管理策を含む情報セキュリティの取り組みの変更について、その必要性の評価が必要なことを示している。組織の方針や手順に従って情報セキュリティが実施され、運用されることを確実にするための管理策として、情報セキュリティの独立したレビューの管理策を示している。

●クラウドサービス固有の実施の手引き

実施の手引き 18.1.3	クラウドサービスカスタマ	クラウドサービスプロバイダ
	クラウドサービスカスタマは、クラウドサービスのための情報セキュリティ管理策及び指針の実施状況がクラウドサービスプロバイダの提示どおりであることについて、文書化した証拠を要求することが望ましい。その証拠は、関係する標準への適合の証明書である場合もある。	クラウドサービスプロバイダは、クラウドサービスプロバイダが主張する情報セキュリティ管理策の実施を立証するために、クラウドサービスカスタマに文書化した証拠を提供することが望ましい。個別のクラウドサービスカスタマの監査が現実的でない場合、又は情報セキュリティへのリスクを増加させ得る場合、クラウドサービスプロバイダは、情報セキュリティがクラウドサービスプロバイダの方針及び手順に従って実施され、運用されていることの独立した証拠を提供することが望ましい。この証拠は、契約の前に、クラウドサービスの利用が見込まれる者に利用できるようにしておくことが望ましい。クラウドサービスプロバイダが選択した独立した監査は、それが十分な透明性が確保されていることを条件として、クラウドサービスカスタマがもつクラウドサービスプロバイダの運用に対するレビューへの関心を満たすものであることが一般に望ましい。独立した監査が現実的でないとき、クラウドサービスプロバイダは、自己評価を行い、クラウドサービスカスタマにそのプロセス及び結果を開示することが望ましい。

審査員が教える運用のポイント

　情報セキュリティへの取り組み状況は、内部・外部の変化点や事業を取り巻く脅威の変化により、組織の情報セキュリティ方針や情報セキュリティ目的が見直され、再リスクアセスメントによる管理策の見直しなど一連のマネジメント活動の有効性を確認する。マネジメントレビューの内容に基づく変化点、組織全体への取り組みの変化点などを確認しておきたい。

　また、独立したレビューの計画と発議という点では、経営会議などマネジメントレベルでの意思決定プロセスを確認する。例えば、サイバー攻撃対応の重要性という観点では、その具体的な対応策という点での、組織全体の課題ととらえている場合の対応体制や教育、エスカレーションルールの有無などについて、情報セキュリティ方針との整合性を確認する。

クラウドサービスカスタマ

　クラウドサービスプロバイダによるクラウドサービスのための情報セキュリティ管理策や指針の実施状況が、提示された通りであることを文書化した証拠を要求することが求められている。提供を受けるクラウドサービスの情報セキュリティ実装状況について、提示された内容と、クラウドサービスプロバイダから入手した情報セキュリティインシデントの発生状況、その対応に要した経過時間、SLAとの整合性および違反などの管理状況の照査のための証跡の入手状況とレビュー、評価の実施状況を検証する。

クラウドサービスプロバイダ

　クラウドサービスプロバイダは、自身が主張（宣言）した情報セキュリティ管理策の実施を立証するための文書化した証拠を、カスタマに対して提供することが求められている。提供しているクラウドサービスの情報セキュリティ実装状況について、提示した内容に基づき発生した情報セキュリティインシデントの発生状況と、管理状況を報告する。これらは、クラウドサービスカスタマが監査とレビューをするための証跡として、利用できるよう提供できている状況を検証する。

5 組織的管理策

5.36 情報セキュリティのための方針群、規則及び標準の順守

管理策比較表				
	2022年版		2013年版	
管理策	5.36	情報セキュリティのための方針群、規則及び標準の順守	A.18.2.2	情報セキュリティのための方針群及び標準の順守
	組織の情報セキュリティ方針、トピック固有の方針、規則及び標準を順守していることを定期的にレビューしなければならない。		管理者は、自分の責任の範囲内における情報処理及び手順が、適切な情報セキュリティのための方針群、標準類、及び他の全てのセキュリティ要求事項を順守していることを定期的にレビューすること。	
			A.18.2.2	技術的順守のレビュー
			情報システムを、組織の情報セキュリティのための方針群及び標準の順守に関して、定めに従ってレビューすること。	

●目 的

　情報セキュリティが、組織の情報セキュリティ方針やトピック固有の個別方針、規則、標準に従って実施・運用されることを確実にするため。

●解釈と注意する点

　管理者やサービス、製品、情報の管理責任者は、情報セキュリティ方針や個別方針、規則、標準およびその他適用される規制で定められた情報セキュリティ要求事項が満たされていることをレビューするための方法を定め、それに従ってレビューを行う。また、管理者やサービス、製品、情報の管理責任者が実施したレビューと是正処置の結果を記録し、その記録を維持管理する。

　是正処置はリスクに対し、必要に応じて時機を失せずに完了し、次に予定されているレビューまでに完了しない場合は、そのレビュー時に少なく

146

とも進捗状況を処理することが必要であることを示している。レビューには、情報システムに関する技術的順守の内容が含まれる。組織の方針や手順に従って情報セキュリティが実施され、運用されることを確実にするための管理策として、情報セキュリティの独立したレビューの管理策を示している。

審査員が教える運用のポイント

「5.35 情報セキュリティの独立したレビュー」と同様に、マネジメントレビューの内容に基づく変化点、組織全体への取り組みの変化点などを確認する必要があり、また情報セキュリティ方針との整合性を確認する。

5 組織的管理策

5.37 操作手順書

管理策比較表			
	2022年版		2013年版

	2022年版	2013年版
管理策	5.37　操作手順書	A.12.1.1　操作手順書
	情報処理設備の操作手順は、文書化し、必要とする要員に対して利用可能にしなければならない。	操作手順は、文書化し、必要とする全ての利用者に対して利用可能にすること。

●目 的

情報処理設備の正確かつセキュリティに配慮した操作を確実にするため。

●解釈と注意する点

情報処理設備の正確かつセキュリティを保った運用を確実にするための管理策として、情報処理設備に関する操作手順書を文書化して、必要な要員が利用可能にするための管理策を示している。詳細は、組織の適切なリスクアセスメントの結果によって導かれた運用環境を構成する情報処理設備、バックアップ、運用ソフトウェアなどを含めて関連する管理者が管理する。

審査員が教える運用のポイント

運用における情報システムは、操作手順書を作成して利用者に開示しなければならない。それらには、システムのバックアップと障害時のリカバリ、ソフトウェアの管理も含め、管理責任を明確にすることを確認する。

6 人的管理策

6.1 選考

管理策比較表		
2022年版		**2013年版**
6.1	選考	A.7.1.1　選考
管理策 要員になる全ての候補者についての経歴などの確認は、適用される法令、規制及び倫理を考慮に入れて、組織に加わる前に、及びその後継続的に行わなければならない。また、この確認は、事業上の要求事項、アクセスされる情報の分類及び認識されたリスクに応じて行わなければならない。		全ての従業員候補者についての経歴などの確認は、関連する法令、規制及び倫理に従って行わなければならない。また、この確認は、事業上の要求事項、アクセスされる情報の分類及び認識されたリスクに応じて行わなければならない。

●**目 的**

　すべての要員が、予定する役割に対して適格かつ適切であり、雇用中に適格かつ適切であり続けることを確実にするため。

●**解釈と注意する点**

　組織の適切なリスクアセスメントの結果に関連して導かれたISMSが適用された要員が対象となり、選考プロセスではフルタイム、パートタイムおよび臨時スタッフを含むすべての要員に対して実行する。ISMSが適用されたトップマネジメントを含む役員クラスも含まれる。

　「秘密保持契約書」や「守秘義務契約書」への署名についても、ISMSが適用されるトップマネジメントを含む役員クラスも同様に管理する。それらの詳細の考慮事項として、要員種別（例えば経営者を含む役員、正規労働者、非正規労働者、派遣労働者など）に応じた法規制や契約上の要求事項などがある。雇用される従業員や契約相手がその責任を理解し、求められている役割にふさわしいことを確実にするための管理策として、「6.1 選考」「6.2 雇用条件」の二つの管理策を示している。

　組織の要員はその種別にかかわらず、個々の経歴などの把握は組織への入社前に実施されることを確認する。一般的には履歴書や業務経歴書をインプットとして、選考考査や面談などを経て一意の手続きにより選考される。

　選考後は、「秘密保持契約書」「守秘義務契約書」などでの署名により選考は完結する。要員選考は経営者、役員、正規、非正規雇用者の区別なく、組織の情報セキュリティ要求事項に対して一意での契約であることが望まれ、その実施状況を確認する。

6 人的管理策

6.2 雇用条件

管理策比較表				
	2022年版		2013年版	
管理策	6.2	雇用条件	A.7.1.2	雇用条件
	雇用契約書には、情報セキュリティに関する要員及び組織の責任を記載しなければならない。		従業員及び契約相手との雇用契約書には、情報セキュリティに関する各自の責任及び組織の責任を記載すること。	

●目 的

　要員が、予定する役割における自らの情報セキュリティの責任を理解することを確実にするため。

●解釈と注意する点

　ISMSが適用された要員が対象となり、選考プロセスではフルタイム、パートタイムおよび臨時スタッフを含むすべての要員に対して実行する。

ISMS が適用されたトップマネジメントを含む役員クラスも含まれる。「秘密保持契約書」や「守秘義務契約書」への署名についても ISMS が適用されるトップマネジメントを含む役員クラスも同様に管理する。それらの詳細の考慮事項として、要員種別（例えば経営者を含む役員、正規労働者、非正規労働者、派遣労働者など）に応じた法規制や契約上の要求事項などがある。

　要員の契約上の義務は、組織の情報セキュリティ方針およびその他の関連する個別の方針を考慮する。雇用される従業員や契約相手がその責任を理解し、求められている役割にふさわしいことを確実にするための管理策として、「6.1 選考」「6.2 雇用条件」の 2 つの管理策を示している。4.3項の境界および適用範囲を考慮した組織の適切なリスクアセスメントの結果に関連して導かれる。

審査員が教える運用のポイント

　雇用時に締結する「秘密保持契約書」「守秘義務契約書」などは、組織の ISMS 要求事項を遵守することを記述しなければならない。その内容には、雇用時はもとより雇用が解除された後についても言及され、知り得た組織の情報について雇用解除後の扱いも明記されることが望まれる。上記契約書などの違反があった場合は、「6.4 懲戒手続」と関連づけ、その手続きも記述されていることを考慮する。

6.3 情報セキュリティの意識向上、教育及び訓練

管理策比較表				
	2022年版		2013年版	
	6.3	情報セキュリティの意識向上、教育及び訓練	A.7.2.2	情報セキュリティの意識向上、教育及び訓練
管理策	組織の要員及び関連する利害関係者は、職務に関連する組織の情報セキュリティ方針、トピック固有の方針及び手順についての、適切な、情報セキュリティに関する意識向上プログラム、教育及び訓練を受けなければならず、また、定常的な更新を受けなければならない。		組織の全ての従業員、及び関係する場合には契約相手は、職務に関連する組織の方針及び手順についての、適切な、意識向上のための教育及び訓練を受けなければならず、また、定めに従ってその更新を受けなければならない。	

●目 的

要員および関連する利害関係者が自らの情報セキュリティの責任を意識し、それを果たすことを確実にするため。

●解釈と注意する点

雇用期間中に従業員や契約相手が情報セキュリティの責任を認識し、かつ、その責任を遂行することを確実にするための管理策を示している。この管理策は、箇条7.2項の「力量」および7.3項の「認識」の要求事項と関連する。

●クラウドサービス固有の実施の手引き

実施の手引き 7.2.2	クラウドサービスカスタマ	クラウドサービスプロバイダ
	クラウドサービスカスタマは、関連する従業員及び契約相手を含む、クラウドサービスビジネスマネージャ、クラウドサービス実務管理者、クラウドサービスインテグレータ及びクラウドサービスユーザのための、意識向上、教育及び訓練のプログラムに、次の事項を追加することが望ましい。 －クラウドサービスの利用のための標準及び手順 －クラウドサービスに関連する情報セキュリティリスク、及びそれらのリスクをどのように管理するか －クラウドサービスの利用に伴うシステム及びネットワーク環境のリスク －適用法令及び規制上の考慮事項 クラウドサービスに関する情報セキュリティの意識向上、教育及び訓練のプログラムは、経営陣及び監督責任者（事業単位の経営陣及び監督責任者を含む）に提供することが望ましい。このことは、情報セキュリティ活動の有効な協調を支援する。	クラウドサービスプロバイダは、クラウドサービスカスタマデータ及びクラウドサービス派生データを適切に取り扱うために、従業員に、意識向上、教育及び訓練を提供し、契約相手に同様のことを実施するよう要求することが望ましい。これらのデータには、クラウドサービスカスタマの機密情報、又はクラウドサービスプロバイダによるアクセス及び利用について、規制による制限を含む、特定の制限が課されたデータを含む可能性がある。

> **6**
> 人的管理策

審査員が教える運用のポイント

　組織は定められた間隔で要員や契約相手に対し、組織のISMSに基づく教育や意識向上、訓練を実施することが求められている。教育や訓練は、その有効性の観点から雇用者全員が受けることに合わせ、試験などによる一定基準の理解度の均平性も考慮した内容であることが望まれる。

クラウドサービスカスタマ

　関連する従業員と関係者に対し、クラウドサービス利用のための手順やリスク、リスクの管理方法、適用法令／規制の要求事項などに関する教育訓練を実施していることを教育記録などで確認する。教育記録の内容は、クラウドサービスプロバイダが提供する利用規約などを参照し、作成され

ていることを検証する。経営陣/管理責任者などマネジメント層に対しても、クラウドサービスに関する意識向上のための教育を提供できていることを確認する。

クラウドサービスプロバイダ

クラウドサービスカスタマデータのデータおよびクラウドサービスの派生データを取り扱う従業員に、意識向上のための教育訓練を実施できていることを教育記録などで確認する。必要に応じてアウトソーシング先にも、同様の教育を実施できていることを検証する。教育には、クラウドサービスカスタマの機密情報およびクラウドサービスプロバイダによるアクセスと利用についての制限事項や、特定の制限が課されたデータを含むことを考慮した内容であることも確認する。

6 人的管理策

6.4 懲戒手続

<table>
<tr><th colspan="5">管理策比較表</th></tr>
<tr><th rowspan="3">管理策</th><th colspan="2">2022 年版</th><th colspan="2">2013 年版</th></tr>
<tr><td>6.4</td><td>懲戒手続</td><td>A.7.2.3</td><td>懲戒手続</td></tr>
<tr><td colspan="2">情報セキュリティ方針違反を犯した要員及びその他の関連する利害関係者に対して処置をとるために、懲戒手続を正式に定め、伝達しなければならない。</td><td colspan="2">情報セキュリティ違反を犯した従業員に対して処置をとるための、正式かつ周知された懲戒手続を備えなければならない。</td></tr>
</table>

●目 的

　要員およびその他の関連する利害関係者が情報セキュリティ方針違反の結果を理解すること、違反を阻止すること、それを犯した要員とその他の関連する利害関係者を適切に扱うことを確実にするため。

●解釈と注意する点

　懲戒手続は、関連する法令や規制、契約、事業上の要求事項ならびに必要に応じてその他の要素を考慮に入れる。また、要員とその他の関連する利害関係者が情報セキュリティ方針、個別方針、情報セキュリティの手順に違反することを防ぐための抑止力として使い、意図的な情報セキュリティ方針への違反には緊急の処置が求められる場合がある。

審査員が教える運用のポイント

　組織が定める情報セキュリティポリシーに違反した要員と利害関係者へのけん制、違反の抑止として、違反した場合の懲戒のルールと手続きを示すものが求められる。組織の懲戒のルールは就業規則などに記載されていることが多く、そこには情報セキュリティ違反の場合について明示され、雇用時の「秘密保持契約書」「守秘義務契約書」などに記載された内容と一意であることが求められる。

6 人的管理策

6.5 雇用の終了又は変更後の責任

管理策比較表				
	2022年版		2013年版	
管理策	6.5	雇用の終了又は変更後の責任	A.7.3.1	雇用の終了又は変更に関する責任
	雇用の終了又は変更の後もなお有効な情報セキュリティに関する責任及び義務を定め、施行し、関連する要員及びその他の利害関係者に伝達しなければならない。		雇用の終了又は変更の後もなお有効な清報セキュリティに関する責任及び義務を定め、その従業員又は契約相手に伝達し、かつ、遂行させなければならない。	

●目 的

　雇用や契約を変更または終了する手続きの一部として、組織の利益を保護するため。

●解釈と注意する点格

　雇用の終了や変更のプロセスの一部として、組織の利益を保護するための管理策を示している。雇用の終了や変更後に、情報セキュリティの責任と義務を有効とすることが必要かを定義する。これには、管理策6.6に示す情報の秘密保持や知的財産、取得したその他の知職、その他の秘密保持契約に含まれる責任を含むことがある。また、雇用・契約終了後も引き続き有効な責任と義務は、その個人の雇用条件（管理策6.2を参照）や契約、合意に含める。個人の雇用終了後、定められた期間継続する他の契約や合意も、情報セキュリティの責任を含む場合がある。

審査員が教える運用のポイント

　「秘密保持契約書」「守秘義務契約書」などには、雇用終了後も組織の機密保持に関する契約事項が記述されていることが多い。別途、雇用終了時には「機密保持誓約書」の署名により、組織の情報セキュリティの担保を確認する。

6 人的管理策

6.6 秘密保持契約又は守秘義務契約

管理策比較表			
	2022 年版		2013 年版

	6.6	秘密保持契約又は守秘義務契約	A.13.2.4	秘密保持契約又は守秘義務契約
管理策	情報保護に対する組織のニーズを反映する秘密保持契約又は守秘義務契約は、特定し、文書化し、定常的にレビューし、要員及びその他の関連する利害関係者が署名しなければならない。		情報保護に対する組織の要件を反映する秘密保持契約又は守秘義務契約のための要求事項は、特定し、定めに従ってレビューし、文書化すること。	

●目 的

要員または外部の関係者がアクセスできる情報の秘密保持を維持するため。

●解釈と注意する点

秘密保持契約や守秘義務契約は、利害関係者と組織の要員に適用される。組織の情報セキュリティ要求事項に基づき、契約の条件は取り扱われる情報の種類やその分類レベル、その使用および当事者に許可されるアクセスを考慮して決定する。秘密保持契約や守秘義務契約には、法的に強制できる表現を用いて秘密情報を保護するための要求事項を取り上げることが望ましく、文書化してレビューを行うことが示されている。

審査員が教える運用のポイント

「秘密保持契約書」「守秘義務契約書」などは、組織要員や利害関係者は例外なく署名することを確認する。

6 人的管理策

6 人的管理策

6.7 リモートワーク

管理策比較表				
	2022年版		2013年版	
管理策	6.7	リモートワーク	A.6.2.2	テレワーキング
	組織の構外でアクセス、処理又は保存される情報を保護するために、要員が遠隔で作業をする場合のセキュリティ対策を実施しなければならない。		テレワーキングの場所でアクセス、処理及び保存される情報を保護するために、方針及びその方針を支援するセキュリティ対策を実施すること。	

●目 的

要員が遠隔で作業している場合に、情報のセキュリティを確実にするため。

●解釈と注意する点

組織のサイト（オフィス）外での業務形態であるリモートワークでは、"コンピュータ端末を用いた在宅勤務（telecommuting）" "柔軟な作業場（flexible workplace）" "遠隔作業" "仮想的な作業" の環境のような、オフィス内とは異なる作業環境に対するリスクアセスメントの結果から導かれ、「5.15 アクセス制御」「8.24 暗号の利用」など他の管理策にも関連する。

審査員が教える運用のポイント

組織のリスクアセスメントに基づき、さまざまな形態の在宅勤務を含む組織の情報セキュリティエリア外での作業があるが、まずはその方式による管理が重要となる。利用する端末の所有者（会社支給か個人所有か）の違いや、接続するネットワークの安全性の検証と組織貸与のネットワーク環境との違い、VPNなどの接続方法の妥当性について、それぞれの方法が持つ情報セキュリティ特性を考慮したリスクに基づく管理策の実施状況

を確認する。

　システム開発を顧客環境下で業務請負しているような場合において、顧客要求に対応して自宅など顧客環境外での作業を実施する場合も、顧客貸与か会社支給PCを利用するかによりリスクが異なることを考慮した管理策となることを、識別した状況でのリモートワークのルールとその実行状況を確認する。

6 人的管理策

6.8 情報セキュリティ事象の報告

管理策比較表			
	2022年版		2013年版
管理策	6.8　情報セキュリティ事象の報告	A.16.1.2	情報セキュリティ事象の報告
	組織は、要員が発見した又は疑いをもった情報セキュリティ事象を、適切な連絡経路を通して時機を失せずに報告するための仕組みを設けなければならない。	情報セキュリティ事象は、適切な管理者への連絡経路を通して、できるだけ速やかに報告しなければならない。	

●目 的
　要員が、特定可能な情報セキュリティ事象を時機を失せず、一貫性をもって効果的に報告することを支援するため。

●解釈と注意する点
　セキュリティ事象およびセキュリティ弱点に関する伝達を含む、情報セ

キュリティインシデントの管理のための、一貫性のある効果的な取り組み
を確実にするための管理策である。情報セキュリティインシデントの影響
を防止または最小化するために、すべての要員と利用者に、情報セキュリ
ティ事象をできるだけ速やかに報告する責任のあることを認識させておく
ことが必要である。報告の仕組みはできるだけ簡単で使いやすく、いつで
も利用できるようにする。情報セキュリティ事象にはインシデントや違
反、ぜい弱性が含まれる。

●クラウドサービス固有の実施の手引き

実施の手引き 16.1.2	クラウドサービスカスタマ	クラウドサービスプロバイダ
	クラウドサービスカスタマは、クラウドサービスプロバイダに、次に示す仕組みに関する情報を要求することが望ましい。 －クラウドサービスカスタマが、検知した情報セキュリティ事象をクラウドサービスプロバイダに報告する仕組み －クラウドサービスプロバイダが、検知した情報セキュリティ事象をクラウドサービスカスタマに報告する仕組み －クラウドサービスカスタマが、報告を受けた情報セキュリティ事象の状況を追跡する仕組み	クラウドサービスプロバイダは、次の仕組みを提供することが望ましい。 －クラウドサービスカスタマが、情報セキュリティ事象をクラウドサービスプロバイダに報告する仕組み －クラウドサービスプロバイダが、情報セキュリティ事象をクラウドサービスカスタマに報告する仕組み －クラウドサービスカスタマが、報告を受けた情報セキュリティ事象の状況を追跡する仕組み

審査員が教える運用のポイント

　組織は、情報セキュリティインシデントとはどのような事象を指すかを
明確にする。それに基づき、情報セキュリティインシデントの影響度を反
映した情報セキュリティインシデントのエスカレーション手順を組織要員
に開示し、情報セキュリティ教育などを通じて実施の重要性を教育する。

　実際に発生した情報セキュリティインシデントは、10.2項の是正処置に
基づき、原因から処置、再発防止策までの一連の対応について実施できて
いるかを確認する。また、情報セキュリティインシデントのうち"ヒヤリ
ハット"などリスクが顕在化しなかった事象の管理について、その内容か

ら潜在的なリスクの顕在化により、重大な情報セキュリティインシデントにつながる事象の評価などについても併せて確認する。情報セキュリティインシデントには、要員の故意による情報の摂取による漏えいなどの発見も含まれる。

クラウドサービスカスタマ

クラウドサービスカスタマとクラウドサービスプロバイダそれぞれが検知した情報セキュリティ事象を相互に報告する仕組み、および報告を受けたクラウドサービスカスタマがその状況を追跡する仕組みや体制を構築し、情報セキュリティインシデントを管理できる体制について検証する。クラウドサービスプロバイダのサポート体制に基づく連絡体制を確認する。

クラウドサービスプロバイダ

クラウドサービスカスタマとクラウドサービスプロバイダそれぞれが検知した情報セキュリティ事象を相互に報告する仕組み、および報告を受けたクラウドサービスカスタマがその状況を追跡し、クラウドサービスプロバイダと情報を共有し、情報セキュリティインシデントの解決に向けた相互に作用する仕組みを構築できていることを確認する。クラウドサービスプロバイダ側は、ヘルプディスクを含む組織的な対応窓口を設置できている状況を検証する。

7.1 物理的セキュリティ境界

管理策比較表				
	2022年版		2013年版	
管理策	7.1	物理的セキュリティ境界	A.11.1.1	物理的セキュリティ境界
	情報及びその他の関連資産のある領域を保護するために、物理的セキュリティ境界を定め、かつ、用いなければならない。		取扱いに慎重を要する又は重要な情報及び情報処理施設にある領域を保護するために、物理的セキュリティ境界を定め、かつ、用いなければならない。	

●目 的

組織の情報およびその他の関連資産への認可されていない物理的アクセスや損傷、妨害を防ぐため。

●解釈と注意する点

情報とその他の関連資産のある物理的領域を、認可されていない物理的アクセスや損傷、妨害から保護するために物理的セキュリティ境界を定め、明示することが求められている。境界内に設置している資産の情報セキュリティ要求事項に従い、セキュリティ境界とそれぞれの境界の位置や強度を定めることが必要である。

審査員が教える運用のポイント

セキュリティ境界を明確に定義し、文書化しているかが重要である。ただし、文書に重要な情報の場所を記載するときは、部外者に知られることも考慮しておかなければならない。また、セキュリティ境界はセキュリティレベルを考慮して設計し、実装していることも大事である。セキュリティレベルの例には以下がある。

○レベル1：すべての人が自由に出入りできる領域（受付、受け渡しエリア、会議室など）

○レベル2：従業員、従業員が同行している来訪者や許可されている業者のみが出入りできる領域で、許可されている業者とは清掃業者などの事前に許可されている人のこと

○レベル3：特別に許可されている従業員や業者のみが出入りできる領域（サーバ室など）

セキュリティレベルの設定に過不足がないことも留意点である。過度なセキュリティレベルを設定した場合は可用性が失われ、不足するセキュリティレベルを設定した場合は機密性の確保が難しくなる。

7 物理的管理策

7.2 物理的入退

管理策比較表				
	2022年版		**2013年版**	
管理策	7.2	物理的入退	A.11.1.2	物理的入退管理策
	セキュリティを保つべき領域は、適切な入退管理策及びアクセス場所（受付など）によって保護しなければならない。		セキュリティを保つべき領域は、認可された者だけにアクセスを許すことを確実にするために、適切な入退管理策によって保護すること。	
			A.11.1.6	受渡場所
			荷物の受渡場所などの立寄り場所、及び認可されていない者が施設に立ち入ることもあるその他の場所は、管理すること。また、可能な場合には、認可されていないアクセスを避けるために、それらの場所を情報処理施設から離さなければならない。	

●**目 的**

　組織の情報とその他の関連資産に、認可された物理的アクセスだけがなされることを確実にするため。

●**解釈と注意する点**

　建物やオフィスなどのセキュリティを保つべき領域は、認可された者だけが立ち入りができるようにするために、適切な入退管理策を定義することが求められている。また、荷物の受け渡し場所などは認可されていない者が立ち入ることもある。このような場所においても、適切な入退管理策を定義することが求められている。

審査員が教える運用のポイント

　セキュリティを保つべき領域の入退管理については、訪問者の入退の日付・時刻や訪問目的を記録し、セキュリティを保って維持する。入館・入

室が事前に承認されている場合を除き、すべての訪問者を確認する。

　また、従業員／来訪者を識別し、従業員／来訪者問わず目に見える証明書の着用を要求することも大切である。来訪者には、認可された目的のための行動を許可するとともに、従業員が付き添う。証明書の未着用または従業員が付き添っていない来訪者を見かけた場合は、直ちに管理者に知らせる。

　このほか、適切なアクセス制御（IDカードや指紋など）を実施する。書庫やサーバなどの秘密情報を保持する領域への入室は、認可された者だけに制限する。セキュリティを保つべき領域や秘密情報処理施設への外部のサポートサービス要員によるアクセスは、限定的かつ必要なときにだけ許可して監視する。

　建物外部からの受け渡し場所への入退は認可された要員に制限する。配達要員が建物の他の場所にアクセスすることなく、荷積みと荷降ろしができるように設計する。

　よりセキュリティレベルが高い場所では、外扉は内扉が開いているときには開けることができない（またはその反対）ようにする。

　入荷物は、受け渡し場所から移動する前に爆発物や化学物質、その他の危険物がないかを検査する。事業所へ持ち込むときに、資産の管理手順に従って登録する。また、入荷と出荷は物理的に分離した場所で扱う。入荷物は、輸送中に開封された痕跡がないかを検査する。開封の痕跡が見つかった場合には、直ちにセキュリティ要員に報告する。

7 物理的管理策

7.3 オフィス、部屋及び施設のセキュリティ

		管理策比較表		
		2022年版		2013年版
管理策	7.3	オフィス、部屋及び施設のセキュリティ	A.11.1.3	オフィス、部屋及び施設のセキュリティ
	オフィス、部屋及び施設に対する物理的セキュリティを設計し、実装しなければならない。		オフィス、部屋及び施設に対する物理的セキュリティを設計し、適用すること。	

●目 的

　オフィスや部屋、施設内の組織の情報とその他の関連資産への認可されていない物理的アクセス、損傷、干渉を防ぐため。

●解釈と注意する点

　オフィスや部屋、施設において情報とその他の関連資産を保護するとともに、情報処理活動の存在を極力推測できないように物理的セキュリティを設計し、実装することが求められている。

審査員が教える運用のポイント

　重要な情報処理設備や情報資産の保管場所は、一般の人のアクセスが避けられる場所に設置する。建物を目立たせず、その目的を示す表示は最小限とし、情報処理活動の存在を示すものは建物の内外を問わず一切表示しないように設計する。施設は、例えばパーティションやブラインドにより視線を防ぐほか電磁遮蔽を行うなど、秘密の情報・活動が外部から見えたり聞こえたりしないように構成する。秘密情報処理施設の場所を示す案内板や内線電話帳は、認可されていない者が容易にアクセスできないようにする。

7 物理的管理策

7.4 物理的セキュリティの監視
【新規管理策】

管理策比較表				
管理策	2022年版		2013年版	
	7.4	物理的セキュリティの監視	—	該当なし
	施設は、認可していない物理的アクセスについて継続的に監視しなければならない。		—	

●目 的

認可されていない物理的アクセスを検知し、抑止するため。

●解釈と注意する点

物理的な施設は監視システムによって監視し、重要なシステムを収容している建物へのアクセスは、継続的に監視することが求められている。監視システムの設計は機密性を維持し、動画などの監視情報は認可されていないアクセスから保護するとよい。監視および記録の仕組みは、データ保護やPII保護の法律を含む地域の法規制を考慮したい。

審査員が教える運用のポイント

監視カメラによる目視監視および記録（録画）を行う。出入口や進入禁止エリア、窓ガラス、重要エリアなどに防犯センサーを設置する。さらには、警備員による有人監視を行う。

7

物理的管理策

7 物理的管理策

7.5 物理的及び環境的脅威からの保護

管理策比較表				
	2022年版		2013年版	
管理策	7.5	物理的及び環境的脅威からの保護	A.11.1.4	外部及び環境の脅威からの保護
	自然災害及びその他の意図的又は意図的でない、インフラストラクチャに対する物理的脅威などの物理的及び環境的脅威に対する保護を設計し、実装しなければならない。		自然災害、悪意のある攻撃又は事故に対する物理的な保護を設計し、適用すること。	

●目 的

物理的及び環境的脅威に起因する事象の結果を防止、低減するため。

●解釈と注意する点

火災や洪水、地震、爆発、暴力行為、有毒廃棄物、環境排出物およびその他の自然災害、人的災害などの物理的・環境的脅威から情報資産を保護するために、物理的な対応を行うことや専門的な助言を得ることが求められる。

審査員が教える運用のポイント

重要な設備を持つ建物は、自然災害の少ない安全な場所に建立する。そして、セキュリティを保つべき領域は防火対策や耐震設備、漏水対策を実施する。セキュリティを保つべき領域には、危険物や可燃物（段ボールなど）を保管しない。また、サーバやPCをはじめとする情報処理設備は、ボルトでの固定や耐震ベルトなどで十分な耐震対策を施す。セキュリティを保つべき領域は清掃を心がけ、特にコンセントのホコリによる漏電に注意する。

7 物理的管理策

7.6 セキュリティを保つべき領域での作業

管理策比較表				
	2022 年版		2013 年版	
管理策	7.6	セキュリティを保つべき領域での作業	A.11.1.5	セキュリティを保つべき領域での作業
	セキュリティを保つべき領域での作業に関するセキュリティ対策を設計し、実施しなければならない。		セキュリティを保つべき領域での作業に関する手順を設計し、適用すること。	

●目 的

　セキュリティを保つべき領域にある情報とその他の関連資産を、これらの領域で働く要員による損傷や認可されていない干渉から保護するため。

●解釈と注意する点

　セキュリティを保つべき領域での活動範囲を広く認識させ、悪意ある活動の機会を低減するために、セキュリティを保つべき領域での監督を実施する。領域が無人のときは、施錠して定期的に検査する。画像や映像、音声、記録装置は認可された者のみ使用し、終端装置の携行や使用を適切に管理することが求められている。

審査員が教える運用のポイント

　セキュリティを保つべき領域での活動は、必要最小限の要員と活動に限定する。安全面や悪意ある活動の機会を防ぐ面から、監視されていない作業は回避する。さらに、セキュリティを保つべき領域が無人のときは物理的に施錠し、定期的に点検する。画像や映像、音声、その他の記録装置（例えば携帯端末についたカメラ）は、認可された者以外は許可しない。

7

物理的管理策

7.7 クリアデスク・クリアスクリーン

管理策比較表			
	2022年版		2013年版
管理策	7.7　クリアデスク・クリアスクリーン	A.11.2.9	クリアデスク・クリアスクリーン方針
	書類及び取外し可能な記憶媒体に対するクリアデスクの規則、並びに情報処理設備に対するクリアスクリーンの規則を定め、適切に実施させなければならない。	書類及び取外し可能な記憶媒体に対するクリアデスク方針、並びに情報処理設備に対するクリアスクリーン方針を適用すること。	

●**目 的**

　勤務時間内外を問わず、机やスクリーン、その他のアクセス可能な場所にある情報への認可されていないアクセス、情報の消失と損傷のリスクを低減するため。

●**解釈と注意する点**

　クリアデスクとは、机上に書類を放置しないことを言う。またクリアスクリーンとは、情報をスクリーンに残したまま離席しないことである。勤務時間内外を問わず、机やスクリーン、その他のアクセス可能な場所にある情報を保護することが求められている。

審査員が教える運用のポイント

　書類は、オフィスに誰もいないときには施錠可能な場所に保管されていることが重要である。離席時には机上に書類を放置せず、書類が見えないような工夫をする。コンピュータや端末はパスワードロックなどの方法で保護する。このほか、コピー機やスキャナなどの情報を複写できる機器の認可されていない利用は禁止する。また、それらから書類を直ちに取り出し、記憶媒体を問わず取り扱いに慎重を要する情報は周辺に放置しない。

7 物理的管理策

7.8 装置の設置及び保護

管理策比較表			
	2022年版		2013年版
管理策	7.8　装置の設置及び保護		A.11.2.1　装置の設置及び保護
	装置は、セキュリティを保って設置し、保護しなければならない。		装置は、環境上の脅威及び災害からのリスク並びに認可されていないアクセスの機会を低減するように設置し、保護すること。

●目 的

物理的・環境的脅威ならびに認可されていないアクセスや損傷によるリスクを低減するため。

●解釈と注意する点

サーバをはじめとした装置は、作業領域への不必要なアクセスによる損傷が最小限になるように、設置することが求められている。

審査員が教える運用のポイント

装置は、例えばサーバ室の施錠など、作業領域への不必要なアクセスが最小限になるように設置する。重要な情報処理施設はのぞき見防止を考慮し、設置位置を慎重に定める。また、認可されていないアクセスを回避するよう保管設備のセキュリティを保つ。特別な保護を必要とする装置は、それ以外の装置を分離するか、装置間に障壁を設けて盗難や火災、水、振動、電力供給や通信への妨害、電磁波放射、破壊などの物理的・環境的脅威のリスクを最小限に抑える。情報処理施設の運用に悪影響を与えることがある環境条件（温度や湿度）は監視する。落雷からの保護を適用し、すべての電力や通信の引き込み線に避雷器を装着する。作業現場などの環境にある装置には、特別な保護方法（キーボードカバー）を使用する。秘密情報を処理する装置は、電磁波の放射による情報漏えいのリスクを最小限にする。

7 物理的管理策

7.9 構外にある資産のセキュリティ

管理策比較表				
	2022年版		2013年版	
管理策	7.9	構外にある資産のセキュリティ	A.11.2.6	構外にある装置及び資産のセキュリティ
	構外にある資産を保護しなければならない。		構外にある資産に対しては、構外での作業に伴った、構内での作業とは異なるリスクを考慮に入れて、セキュリティを適用すること。	

●目 的

構外にある装置の紛失や損傷、盗難、侵害および組織の業務の中断を防止するため。

●解釈と注意する点

構外にある保管設備や情報処理装置、アウトソース先への預託やクラウドシステムの情報資産においても、保護することが求められている。

審査員が教える運用のポイント

ここで言う情報処理装置とは、組織所有・個人所有にかかわらず組織のために用いる装置を指す。構外に持ち出した装置や媒体を公共の場所に無人状態で放置していないか、盗難や損傷、紛失などから保護されているか、在宅勤務やテレワークなどでの利用において各種制限が望ましい。制限事項の例として、作業場所やネットワーク、接続できる媒体や装置、可搬時が挙げられる（公共の場所で使用しない、フリーWi-Fi禁止、USBメモリやプリントの禁止、PCは常にバッグに入れ置き忘れに注意など）。構外にある情報資産においても、構内と同等のセキュリティ対策（施錠可能な保管やカメラによる監視など）を行い、管理層の認可も考慮したい。

7 物理的管理策

7.10 記憶媒体

管理策比較表			
	2022年版		**2013年版**
管理策	7.10　記憶媒体	A.11.2.5	資産の移動
	記憶媒体は、組織における分類体系及び取扱いの要求事項に従って、その取得、使用、移送及び廃棄のライフサイクルを通して管理しなければならない。	装置、情報又はソフトウェアは、事前の認可なしでは、構外に持ち出してはならない。	
		A.8.3.1	取外し可能な媒体の管理
		組織が採用した分類体系に従って、取外し可能な媒体の管理のための手順を実施しなければならない。	
		A.8.3.2	媒体の処分
		媒体が不要になった場合は、正式な手順を用いて、セキュリティを保って処分すること。	
		A.8.3.3	物理的媒体の輸送
		情報を格納した媒体は、輸送の途中における、認可されていないアクセス、不正使用又は破損から保護すること。	

●目 的

　記憶媒体上の情報に対して、認可された開示や変更、移動、破棄だけがなされることを確実にするため。

●解釈と注意する点

　記憶媒体のライフサイクル（取得から使用、移送、廃棄まで）において、一元的に管理するために正式な手順の策定と実行が求められる。

審査員が教える運用のポイント

(1) 記憶媒体の取り扱い手順

　記憶媒体のライフサイクルにおける正式な手順を策定し、文書化して実

施する。手順は、その情報の取り扱いに慎重を要する度合いに応じたものとする。記憶媒体を構外に持ち出すことを許可する従業員や外部の利用者を制限し、管理に必要な情報を記録し保管して検証する。

　必要な情報としては、管理対象となる記憶媒体を識別する情報（媒体番号など）と保管場所、持ち出し日、持ち出し期限、返却日、持ち出し者と許可の証跡などが挙げられる。このほか、持ち出す情報の種類や内容、現品実査実施日と実施結果（返却時は情報を償却する、現品実査は定期的に実施するなど）が該当する。

　すべての媒体は、施錠可能なキャビネットなどに保管し、必要に応じたセキュリティ対策を実施する。事例としては、データを保護するための暗号化や媒体の劣化・損傷・消失リスクを低減するための複製のほか、製造業者の仕様に従った環境への保管、未許可の使用を防ぐ媒体への情報転送の監視方法についても手順化しておく。

(2) 記憶媒体の処分

　セキュリティを保った処分方法を選択し、データ削除は専用ツールを使用してデータを上書きする。標準の削除機能やフォーマットでは完全に削除されない可能性にも留意する。次に、物理的なデータの回復を不可能にする方法として、焼却やシュレッダーの利用がある。外部のデータ破棄サービスの利用も選択肢の一つだが、データの完全な消去が行われることを前もって確認したい。このほか、メーカーが提供するガイドラインや推奨事項に従って記憶媒体を安全に処分する。

(3) 記憶媒体の輸送

　輸送を外部に依頼する場合は信頼できる輸送機関を選定し、管理者の許可を得て評価基準を検討する。具体的には輸送手順や要領の確認、記憶媒体の輸送中の環境要因（温度、湿度、電磁気など）や梱包方法、輸送途中の記憶媒体破損や紛失時の扱いと責任窓口などをチェックする。また、輸送途中に生じる可能性のある損傷から内容を保護するために、十分な強度で梱包する。記憶媒体の内容や適用した保護施策、受け渡し時刻や受け取り時刻などを記録する。

⑦ 物理的管理策

7.11 サポートユーティリティ

管理策比較表			
	2022 年版		2013 年版
管理策	7.11　サポートユーティリティ	A.11.2.2	サポートユーティリティ
	情報処理施設・設備は、サポートユーティリティの不具合による、停電、その他の中断から保護しなければならない。	装置は、サポートユーティリティの不具合による、停電、その他の故障から保護すること。	

●目 的

サポートユーティリティの故障や、事業の中断・阻害による情報とその他の関連資産の消失、損傷、侵害、組織の運用の中断を防止するため。

●解釈と注意する点

サポートユーティリティとは、情報システムを運用する施設の稼働に不可欠な設備やライフライン、公共インフラなどのことである。例えば電気や通信サービス、給水、ガス、下水、換気、空調などが挙げられる。これらサポートユーティリティの不具合による停電や、その他の中断から保護することが求められている。

審査員が教える運用のポイント

装置の製造業者の仕様や地域の法的要求事項に適合しているものを採用する。事業の成長や他のサポートユーティリティとの相互作用に対応する能力を定期的に評価する。そして、適切に機能することを確実にするために定期的に検査を実施したい。

必要であれば、不具合を検知するための警報装置を取り付けるほか、物理的な経路が異なる複数の供給元を確保する。非常用の照明や通信手段を備え、非常口や設備室の近くに電源や給水、ガス、その他のユーティリティを遮断するための緊急スイッチや緊急バルブを設置する。

7 物理的管理策

7.12 ケーブル配線のセキュリティ

管理策比較表				
	2022年版		2013年版	
管理策	7.12	ケーブル配線のセキュリティ	A.11.2.3	ケーブル配線のセキュリティ
	電源ケーブル、データ伝送ケーブル又は情報サービスを支援するケーブルの配線は、傍受、妨害又は損傷から保護しなければならない。		データを伝送する又は情報サービスをサポートする通信ケーブル及び電源ケーブルの配線は、傍受、妨害又は損傷から保護すること。	

●目 的

通信・電源ケーブルの配線に関連した、情報とその他の関連資産の消失、損傷、盗難、侵害、組織の運用の中断を防止するため。

●解釈と注意する点

データの伝送や情報サービスをサポートする通信・電源ケーブルの配線は、傍受や妨害、損傷から保護することが求められている。

審査員が教える運用のポイント

地下に埋設するか、これに代わる十分な保護手段を施す。またケーブル間の干渉を防止するために、電源ケーブルは通信ケーブルから隔離する。取り扱いに慎重を要する重要なシステムについては、外装電線管を導入し、点検箇所・終端箇所の施錠ができる部屋か箱へ設置する。ケーブルを保護するための電磁遮蔽を利用し、ケーブルに取り付けられた認可されていない装置の技術的探索や物理的検査を実施する。さらに配線盤や端子盤、ケーブル室へのアクセスは物理鍵などで制限するほか、配線の物理的識別のためケーブル各端に始点・終点のラベル付けをする。

7 物理的管理策

7.13 装置の保守

管理策比較表			
	2022 年版		2013 年版
管理策	7.13 装置の保守	A.11.2.4	装置の保守
	装置は、情報の可用性、完全性及び機密性を維持することを確実にするために、正しく保守しなければならない。		装置は、可用性及び完全性を継続的に維持することを確実にするために、正しく保守すること。

●目 的

保守の不足による情報とその他の関連資産の消失、損傷、盗難、侵害、組織の運用の中断を防止するため。

●解釈と注意する点

装置には、情報処理施設の技術構成要素や無停電電源装置（UPS）、バッテリ、発電機、交流発電機、コンバータ、物理的侵入検知システム、警報装置、煙探知器、消火器、空調、リフトが含まれる。装置の保守について情報の可用性や完全性、機密性を維持するために、正式な手順に従った対応が求められている。

審査員が教える運用のポイント

供給者の推奨する周期や仕様に従って保守し、認可された保守要員だけが装置の修理と手入れを実施する。そして、実施したすべての保守作業について記録を保持する。保守によるデータ消失を防ぐために、保守実施前に装置内情報をバックアップする。情報漏えいを防ぐために保守実施前に装置内情報を消去するほか、保守後の装置の改ざんや不具合を発生させないためにも検査・試験は欠かせない。

7 物理的管理策

7.14 装置のセキュリティを保った処分又は再利用

管理策比較表				
	2022年版		2013年版	
管理策	7.14	装置のセキュリティを保った処分又は再利用	A.11.2.7	装置のセキュリティを保った処分又は再利用
	記憶媒体を内蔵した装置は、処分又は再利用する前に、全ての取扱いに慎重を要するデータ及びライセンス供与されたソフトウェアを消去していること、又はセキュリティを保てるよう上書きしていることを確実にするために、検証しなければならない。		記憶媒体を内蔵した全ての装置は、処分又は再利用する前に、全ての取扱いに慎重を要するデータ及びライセンス供与されたソフトウェアを消去していること、又はセキュリティを保って上書きしていることを確実にするために、検証すること。	

●目 的

組織の情報とその他の関連資産への認可されていない物理的アクセス、損傷、妨害を防ぐため。

●解釈と注意する点

記憶媒体を内蔵した装置は、処分や再利用する前にすべての取り扱いに慎重を要するデータと、ライセンス供与されたソフトウェアを消去していること、セキュリティを保って上書きしていることを求めている。

●クラウドサービス固有の実施の手引き

実施の手引き A.11.2.7	クラウドサービスカスタマ	クラウドサービスプロバイダ
	クラウドサービスカスタマは、クラウドサービスプロバイダが、資源のセキュリティを保った処分又は再利用のための方針及び手順をもつことの確認を要求することが望ましい。	クラウドサービスプロバイダは、資源（例えば、装置、データストレージ、ファイル、メモリ）のセキュリティを保った処分又は再利用を時機を失せずに行うための取決めがあることを確実にすることが望ましい。

審査員が教える運用のポイント

　装置を処分または再利用する際に、装置内部の情報を消去する手順が策定され、文書化しておくことは重要である。処分・再利用の前に、記憶媒体が内蔵されているかどうかを確かめる。

　情報を格納した記憶媒体は物理的に破壊するほか、ツールを利用してその情報の消去や上書きする。消去や上書きする際には、パソコンの標準機能では完全に消去されない可能性もある。無意味な情報を書き込むことで、消去されたデータはほとんど回復がすることができなくなる可能性が高い。また、装置の再販やリース返却する場合はラベルおよび表示を除去する。

　一方で、ソフトウェアを削除することなく装置を譲渡すると、ソフトウェアライセンス使用許諾契約に抵触する場合がある。したがって、利用を継続したいソフトウェアはライセンス解除が必要になる。装置処分後はライセンス解除できなくなる場合があるため留意したい。また、ツールを利用して装置とソフトウェアをライセンスで紐づけている場合は、ライセンス解除手続きを事前に行わなければならない。これを実施しないと、ソフトウェアライセンスを引き継げなくなる可能性がある。

クラウドサービスカスタマ

　プロバイダが、情報資産のセキュリティを保った処分もしくは再利用のためのポリシーや手順を持っていることを確認する。具体的には、契約書やSLA（Service Level Agreement）、ホワイトペーパーなどを確認することである。SLAとは、サービスカスタマとプロバイダが合意した品質保証の契約書のことである。SLAにはサービス内容や品質水準、保証内容などが記載され、サービス提供者と利用者の双方にとって重要な指標となる。一方、ホワイトペーパーとは技術、製品、サービスに関する専門的な情報・提案を詳細かつ公式に記述した文書を示す。

クラウドサービスプロバイダ

　情報資産のセキュリティを保った処分もしくは再利用のためのポリシーや手順を持ち、カスタマに明示し、時期を失せずに実施する。

7 物理的管理策

8.1 利用者エンドポイント機器

管理策比較表				
	2022年版		2013年版	
管理策	8.1	利用者エンドポイント機器	A.6.2.1	モバイル機器の方針
	利用者エンドポイント機器に保存されている情報、処理される情報、又は利用者エンドポイント機器を介してアクセス可能な情報を保護しなければならない。		モバイル機器を用いることによって生じるリスクを管理するために、方針及びその方針を支援するセキュリティ対策を採用すること。	
			A.11.2.8	無人状態にある利用者装置
			利用者は、無人状態にある装置が適切な保護対策を備えていることを確実にすること。	

●目 的

利用者終端装置を使用することでもたらされるリスクから情報を保護するため。

●解釈と注意する点

「エンドポイント」とは、「末端」「終点」を意味する言葉である。情報セキュリティの観点ではネットワークに接続されている末端の機器、つまりPCやサーバのほか、スマートフォンやタブレット、IoT終端装置など情報システムに接続されるすべての機器のことを指す。これらのエンドポイント自体や、エンドポイントに保存している情報を保護することが求められている。

審査員が教える運用のポイント

すべてのエンドポイント機器を明確にし、情報資産として登録する。エンドポイント機器の利用に関するルールが定義され、文書化されていることが重要である。

　ルール化すべき事項としては、機器の持ち出し・返却時の記録方法、移動中および外出先での物理的な保護の方法（鍵付きのケースに収納する）などが挙げられる。ほかにも定期的な現品実査や、移動中および外出先での制限事項（フリーWi-fiのアクセス制限、盗み見防止、紛失防止など）、例えばパスワード付きスクリーンセーバーでロックするなど、無人状態（離席時含む）の取り扱い、休暇や業務終了など長時間使用しない場合の振る舞い（シャットダウン）を考慮しておく。

　さらに、VPN（Virtual Private Network）などを利用して保護された通信手段を採用する。紛失や盗難に備え、遠隔操作による機器の無効化やデータの消去を行うほか、無人状態で稼働する機器は物理的に隔離する。

　また、昨今ではIoT終端装置のセキュリティ対応が課題となっている。IoT終端装置には、「管理が行き届きにくい」「機器の性能が限られ、適切なセキュリティ対策ができない」などの特徴から、サイバー攻撃の脅威にさらされることが多い。また、IoT終端装置の使用領域は「デジタル家電」「ヘルスケア機器」「スマートハウス」「コネクテッドカー」など広範囲にわたり、セキュリティ対策もそれぞれ異なる。IoT終端装置のセキュリティ対策は使用方法に合わせた対応が欠かせない。

　具体的には、機器提供メーカーが推奨する対策を実施するほか、ファームウェアのアップデートを定期的に行う無人状態で稼働することが多いことから、機器は物理的に隔離する、定期的に現品実査を実施することが求められる。

8
技術的管理策

8.2 特権的アクセス権

	管理策比較表			
管理策	2022年版		2013年版	
	8.2	特権的アクセス権	A.9.2.3	特権的アクセス権の管理
	利用者エンドポイント機器に保存されている情報、処理される情報、又は利用者エンドポイント機器を介してアクセス可能な情報を保護しなければならない。		モバイル機器を用いることによって生じるリスクを管理するために、方針及びその方針を支援するセキュリティ対策を採用すること。	

●目 的

認可された利用者、ソフトウェア構成要素、サービスだけに特権的アクセス権が与えられることを確実にする。

●解釈と注意する点

特権的アクセス権とは、システム上のあらゆる作業を可能にする強力な操作権限のことで、システムを管理する役割を持つ管理者に与えられる。管理者がシステムを運用する際に使用され、一般の利用者権限では実施できない「ユーザの追加・削除」「システムの設定変更」「ソフトウェアのインストール／アップデート」「ログの操作」などの作業を行うために必要となる。この強力な操作権限を制限し、管理することが求められている。また、「8.5 セキュリティを保った認証」との関連性についても考慮しなければならない。

●クラウドサービス固有の実施の手引き

実施の手引き 9.2.3	クラウドサービスカスタマ	クラウドサービスプロバイダ
	クラウドサービスカスタマは、クラウドサービス実務管理者に管理権限を与える認証に、特定したリスクに応	クラウドサービスプロバイダは、クラウドサービスカスタマのクラウドサービス実務管理者がその役割を行えるよ

	じ、十分に強い認証技術（例えば、多要素認証）を用いることが望ましい。	うに、クラウドサービスカスタマが特定するリスクに応じた、十分に強い認証技術を提供することが望ましい。例えば、クラウドサービスプロバイダは、多要素認証機能を提供し、又は第三者の多要素認証メカニズムを利用可能とすることが望ましい。

特権的アクセス権の割り当ては、正式な認可プロセスによって管理されていることが重要である。ほかにも、割り当てた特権の認可と特権の内容について記録を保持し、認可手続きが終了するまで特権的アクセス権を行使できない仕組みとする。また、認可した特権的アクセス権が使用終了となったときに速やかに解除しているか、特権の不正使用をチェックする仕組みはあるか（アクセスログの確認など）が問われている。

クラウドサービスカスタマ

利用しているクラウドサービスの実務管理者が特定され、特定したリスクに応じて十分に強い認証技術（例えば多要素認証）を用いているかが重視される。

クラウドサービスプロバイダ

カスタマの要求に応じた、十分に強い認証技術を提供しているかが課題となる。

8 技術的管理策

8.3 情報へのアクセス制限

管理策比較表				
	2022年版		**2013年版**	
管理策	8.3	情報へのアクセス制限	A.9.4.1	情報へのアクセス制限
	情報及びその他の関連資産へのアクセスは、確立されたアクセス制御に関するトピック固有の方針に従って、制限しなければならない。		情報及びアプリケーションシステム機能へのアクセスは、アクセス制御方針に従って、制限することが望ましい。	

●目 的

情報とその他の関連資産への認可されたアクセスだけを確実にし、認可されていないアクセスを防止するため。

●解釈と注意する点

システムやアプリケーションへの、認可されていないアクセスを防ぐことが求められている。「8.2 特権的アクセス権」（特権的なユーティリティプログラムや、プログラムソースコードへのアクセス制御）なども包含して、具体的な管理策として実装することが求められている。「5.10 情報及びその他の関連資産の許容される利用」と「5.15 アクセス制御」に整合する必要がある。

●クラウドサービス固有の実施の手引き

実施の手引き 9.4.1	クラウドサービスカスタマ	クラウドサービスプロバイダ
	クラウドサービスカスタマは、クラウドサービスにおける情報へのアクセスを、アクセス制御方針に従って制限できること、及びそのような制限を実現することを確実にすることが望ましい。これには、クラウドサービスへの	クラウドサービスプロバイダは、クラウドサービスへのアクセス、クラウドサービス機能へのアクセス、及びサービスで保持するクラウドサービスカスタマデータへのアクセスを、クラウドサービスカスタマが制限できるよう

アクセス制限、クラウドサービス機能へのアクセス制限、及びサービスにて保持されるクラウドサービスカスタマデータへのアクセス制限を含む。	に、アクセス制御を提供することが望ましい。

●クラウドサービス拡張管理策と実施の手引き

拡張管理策	CLD.9.5.1	仮想コンピューティング環境における分離

クラウドサービス上で稼動するクラウドサービスカスタマの仮想環境は、他のクラウドサービスカスタマ及び認可されていない者から保護することが望ましい。

実施の手引き	クラウドサービスカスタマ	クラウドサービスプロバイダ
	—	クラウドサービスプロバイダは、クラウドサービスカスタマデータ、仮想化されたアプリケーション、オペレーティングシステム、ストレージ及びネットワークの適切な論理的分離を実施することが望ましい。目的は次のとおりである。 －マルチテナント環境においてクラウドサービスカスタマが使用する資源の分離 －クラウドサービスカスタマが使用する資源からのクラウドサービスプロバイダの内部管理の分離 マルチテナンシのクラウドサービスでは、クラウドサービスプロバイダは、異なるテナントが使用する資源の適切な分離を確実にするために情報セキュリティ管理策を実施することが望ましい。クラウドサービスプロバイダは、提供するクラウドサービス内でクラウドサービスカスタマの所有するソフトウェアを実行することに伴うリスクを考慮することが望ましい。

拡張管理策	CLD.9.5.2	仮想マシンの要塞化

クラウドコンピューティング環境の仮想マシンは、事業上のニーズを満たすために要塞化することが望ましい。

実施の手引き	クラウドサービスカスタマ／クラウドサービスプロバイダ

クラウドサービスカスタマ及びクラウドサービスプロバイダは、仮想マシンを設定する際には、適切な側面からの要塞化（例えば、必要なポート、プロトコル及びサービスだけを有効とする）及び利用する各仮想マシンへの適切な技術手段（例えば、マルウェア対策、ログ取得）の実施を確実にすることが望ましい。

　アクセス制御方針が確立され、文書化されているかがポイントとなる。ほかにも、割り当てた特権の認可と特権の内容について記録を保持しているか、アクセス権の付与・変更や削除の記録を保持しているか、利用者やアプリケーションの権限に応じてアクセス権を区分しているかが問われる。ここで言う利用者権限とは、情報ごとに設定する参照、更新、削除の権利のことである。アクセス権限は逐次見直しを行い、アクセスが不要となった場合は速やかに権限を解除する。

クラウドサービスカスタマ

　利用しているクラウドサービスの実務管理者が特定され、特定したリスクに応じて十分に強い認証技術（例えば多要素認証）を用いる。

クラウドサービスプロバイダ

　カスタマのクラウドサービスに対する要求に応じた十分に強い認証技術を提供する。クラウドで稼働するカスタマ環境は、プロバイダや他のカスタマの領域と分離する。マルチテナント（マルチテナンシー）において、カスタマごとに専用の領域を設定する。なお、マルチテナントとはSaaSやASPサービスなどで機材やソフトウェア、データベースなどを複数のカスタマで共有するモデルを表す。提供するクラウドサービスにおいて、カスタマが所有するソフトウェアを実行することによるリスクを考慮する。

カスタマ・プロバイダ共通

　仮想マシンは適切な要塞化を実施する。具体的には、可能であればOSやアプリを最新バージョンにする。承認済のセキュリティパッチ（ソフトの更新）が配布されたら、速やかに適用する。不要なサービスは、停止または利用できないようにする。特権的アクセス権を管理する（「8.2 特権的アクセス権」を参照）ほか、IDやパスワードを管理する。強固なパスワードを設定し、パスワード入力に失敗する回数に制限をかけるなどは実効力がある。

8 技術的管理策

8.4 ソースコードへのアクセス

管理策比較表			
	2022 年版		2013 年版
管理策	8.4 ソースコードへのアクセス	A.9.4.5	プログラムソースコードへのアクセス制御
	ソースコード、開発ツール、及びソフトウェアライブラリへの読取り及び書込みアクセスを適切に管理しなければならない。		プログラムソースコードへのアクセスは、制限すること。

●目 的

　認可されていない機能が入り込むことを防止し、意図しないもしくは悪意のある変更を回避し、価値の高い知的財産の機密性を維持するため。

●解釈と注意する点

　「8.3 情報へのアクセス制限」と同様に、ソースコードおよび関連の書類（設計書、テスト仕様書など）、開発ツール、ソフトウェアライブラリへのアクセスを、アクセス制御方針に従い限定することが求められている。また、「8.32 変更管理」と整合する必要がある。

（審査員が教える運用のポイント）

　ソースコードなどへのアクセス制御方針が確立され、文書化する。ソースコードなどの改ざんや消失が、速やかに検出される仕組みとする。なお、運用環境にはソースコードなどを持ち込まない。

8 技術的管理策

8.5 セキュリティを保った認証

管理策比較表				
	2022年版		2013年版	
管理策	8.5	セキュリティを保った認証	A.9.4.2	セキュリティに配慮したログオン手順
	セキュリティを保った認証技術及び手順を、情報へのアクセス制限、及びアクセス制御に関するトピック固有の方針に基づいて備えなければならない。		アクセス制御方針で求められている場合には、システム及びアプリケーションへのアクセスは、セキュリティに配慮したログオン手順によって制御すること。	

●目 的

　システムやアプリケーション、サービスへのアクセスを許可するときに利用者またはエンティティを、セキュリティを保って認証することを確実にするため。

●解釈と注意する点

　重要な情報システムにアクセスするための、認証情報に対する具体的な技術要素と手順についての管理策として明示している。パスワードなどの従前の認証に加え、多要素認証などを用いた認可されていないアクセスの可能性をより減ずることが目的である。多要素認証にはデジタル証明書やスマートカード、トークン、生体認証などの認証方法も含めて、認可されていないアクセスに対するリスクを最小限に抑えるように設計することが求められる。

　ログオンの手順には、機密性が損なわれた場合は無効化することも含まれている。「8.2 特権的アクセス権」「8.4 ソースコードへのアクセス」との関連性についても考慮することが望まれる。

審査員が教える運用のポイント

　ログオン手順の中でパスワードを非表示とする。十分な長さや推測困難

な文字列などを講じた強力なパスワードを設定する。ログオン失敗時の再試行回数なども設定し、再試行回数をオーバーしたときは、一定時間ログオンを禁止することやパスワードロックをかける。ほかにもログオンに制限時間を設けて、個人情報などのよりセキュアな情報を扱う場合は二要素認証や二段階認証を採用する。

8 技術的管理策

8.6 容量・能力の管理

管理策比較表			
	2022年版		2013年版
管理策	8.6	容量・能力の管理	A.12.1.3 容量・能力の管理
	現在の及び予測される容量・能力の要求事項に合わせて、資源の利用を監視し、調整しなければならない。		要求されたシステム性能を満たすことを確実にするために、資源の利用を監視・調整しなければならず、また、将来必要とする容量・能力を予測すること。

●目 的

情報処理施設や人的資源、オフィス、その他の施設で必要とされる容量・能力の確保を確実にするため。

●解釈と注意する点

システムの可用性や効率性を高めるために、資源の利用状況を監視して

調整する。将来的に必要となる容量・能力を予測することを求められている。

●クラウドサービス固有の実施の手引き

実施の手引き 12.1.3	クラウドサービスカスタマ	クラウドサービスプロバイダ
	クラウドサービスカスタマは、クラウドサービスで提供される合意した容量・能力が、クラウドサービスカスタマの要求を満たすことを確認することが望ましい。クラウドサービスカスタマは、将来のクラウドサービスの性能を確実にするため、クラウドサービスの使用を監視し、将来必要となる容量・能力を予測することが望ましい。	クラウドサービスプロバイダは、資源不足による情報セキュリティインシデントの発生を防ぐため、資源全体の容量・能力を監視すること。

●クラウドサービス拡張管理策と実施の手引き

拡張管理策	CLD.12.1.5	実務管理者の運用のセキュリティ
	クラウドコンピューティング環境の管理操作のための手順は、これを定義し、文書化し、監視することが望ましい。	
実施の手引き	クラウドサービスカスタマ	クラウドサービスプロバイダ
	クラウドサービスカスタマは、一つの失敗がクラウドコンピューティング環境における資産に回復不能な損害を与えるような重要な操作の手順を文書化することが望ましい。 重要な操作の例には次のものがある。 －サーバ、ネットワーク、ストレージなどの仮想化されたデバイスのインストール、変更及び削除 －クラウドサービス利用の終了手順 －バックアップ及び復旧 この文書では、監督者がこれらの操作を監視すべきことを明記することが望ましい。	クラウドサービスプロバイダは、要求するクラウドサービスカスタマに、重要な操作及び手順を文書化して提供することが望ましい。

（審査員が教える運用のポイント）

　システムおよびサービスの負荷試験を実施することが重要である。容

量・能力の利用状況を定期的に監視し、容量・能力が不足あるいは不足しそうな状態となった場合、適切なタイミングでアラートを出す仕組みとする。事業やシステムに対する新しい要求があるときは、容量・能力の再見積もりを実施する。事業やシステムのライフサイクルを踏まえて、容量拡張などのインターバルや費用を考慮する。記憶装置からの古いデータの削除や、必要のないアプリケーションとサービスの廃止、処理方式やデータベースの見直しの実施など、容量・能力を最適化するために常に改善する。

クラウドサービスカスタマ

　プロバイダと合意した提供される容量・能力が、カスタマの要求を満たすことが求められる。将来の業務量増加に備えて、容量・能力の状況を監視して予測する。

クラウドサービスプロバイダ

　現在と将来にわたる容量・能力の不足を防ぐために、容量・能力の状況を監視して予測する。

8.7 マルウェアに対する保護

管理策比較表				
	2022年版		2013年版	
管理策	8.7	マルウェアに対する保護	A.12.2.1	マルウェアに対する管理策
	マルウェアに対する保護を実施し、利用者の適切な認識によって支援しなければならない。		マルウェアから保護するために、利用者に適切に認識させることと併せて、検出、予防及び回復のための管理策を実施すること	

●目 的

　情報とその他の関連資産を、マルウェアに対して保護することを確実にするため。

●解釈と注意する点

　マルウェアとは、コンピュータの正常な利用を妨げ、利用者やコンピュータに害を与える不正な動作を行うソフトウェアの総称のことである。情報および情報処理施設をマルウェアから保護するために、マルウェアの予防や検出、駆除を実施するとともに、利用者のマルウェアに対する認識を向上させることを求めている。マルウェアにはコンピュータウイルスやワーム、トロイの木馬、スパイウェア、ランサムウェア、キーロガー、バックドアなどさまざまな種類がある。

審査員が教える運用のポイント

　利用者にマルウェアの種類やリスク、対処方法を十分に認識させる。認可されていないソフトウェアの使用を禁止するほか、悪意のあるウェブサイトへのアクセスを禁止するとともに、アクセスを防止・検出するための仕組みを構築する。外部ネットワークまたは他の媒体を通じて、ファイルとソフトウェアを入手することに対する保護対策を行う。パッチの適用など、マルウェアにつけ込まれる可能性のあるぜい弱性を低減させる。

予防または定常作業として、コンピュータと媒体を走査（scan）することに加え、マルウェアからの保護に関する訓練を実施する。また、マルウェアに攻撃されたときの報告と回復に関する手順・責任を明確にする。マルウェアの攻撃から回復するための適切な事業継続計画を策定することも重要である。新種のマルウェアに関する情報を提供するメーリングリストへの登録やウェブサイトを確認するなど、常に最新の情報を収集できる事例を構築しておきたい。

8 技術的管理策
8.8 技術的ぜい弱性の管理

管理策比較表			
	2022年版		2013年版
管理策	8.8　技術的ぜい弱性の管理 利用中の情報システムの技術的ぜい弱性に関する情報を獲得しなければならない。また、そのようなぜい弱性に組織がさらされている状況を評価し、適切な手段をとらなければならない。		A.12.6.1　技術的ぜい弱性の管理 利用中の情報システムの技術的ぜい弱性に関する情報は、時機を失せずに獲得すること。また、そのようなぜい弱性に組織がさらされている状況を評価すること。さらに、それらと関連するリスクに対処するために、適切な手段をとらなければならない。 A.18.2.3　技術的順守のレビュー 情報システムを、組織の情報セキュリティのための方針群及び標準の順守に関して、定めに従ってレビューすること。

●目 的

技術的ぜい弱性の悪用を防止するため。

●解釈と注意する点

利用中の情報システムの技術的ぜい弱性に関する情報は、時機を失せずに獲得する。また、そのようなぜい弱性に組織がさらされている状況を評価する。さらに、それらと関連するリスクに対処するために、適切な手段をとることが求められている。資産目録関連の管理策（「5.9 情報及びその他の関連資産の目録」～「5.14 情報転送」）や「5.20 供給者との合意における情報セキュリティの取扱い」との関連性を考慮する。

●クラウドサービス固有の実施の手引き

実施の手引き 12.6.1	クラウドサービスカスタマ	クラウドサービスプロバイダ
	クラウドサービスカスタマは、クラウドサービスプロバイダに、提供を受けるクラウドサービスに影響し得る技術的ぜい弱性の管理に関する情報を要求することが望ましい。クラウドサービスカスタマは、自らが管理に責任をもつ技術的ぜい弱性を特定し、それを管理するプロセスを明確に定義することが望ましい。	クラウドサービスプロバイダは、提供するクラウドサービスに影響し得る技術的ぜい弱性の管理に関する情報をクラウドサービスカスタマが利用できるようにすることが望ましい。

審査員が教える運用のポイント

利用中の情報システムの技術的ぜい弱性を特定し、評価する。特定・評価のためには、技術的ぜい弱性の管理に関連する役割と責任を定めることから着手する。そして、漏れのない情報資産目録を作成もしくは更新（情報資産に追加、変更、削除があった場合）する。情報資産目録にはソフトウェア業者や版番号、配置状況（例えば、どのソフトウェアがどのシステム上に導入されているか）、そのソフトウェアに責任のある組織内の担当者を含める。

次に技術的ぜい弱性が特定された場合、そのぜい弱性に対するリスクアセスメントを実施する。技術的ぜい弱性を特定する際は常に最新の情報を

収集する。最新情報はメーリングリストへの登録やウェブサイトの確認で入手する。

　潜在していた技術的ぜい弱性を特定したときは、適切かつ時機を失しない処置をとる。まずは定期的なセキュリティパッチの適用などによる、処置するための予定を定める。また、セキュリティパッチの適用効果や不具合（パッチの適用によりシステムが不安定になるなど）を確認するために、リスク評価を行うとともにテストを実施する。緊急性のある技術的ぜい弱性を特定したときや、ぜい弱性が特定されていながら適切な対応策がないときは、情報セキュリティインシデント対応手順などに従ってとるべき処置を実行する。

クラウドサービスカスタマ

　利用しているクラウドサービスの技術的ぜい弱性に関する情報を要求し、取得する。クラウド上で展開するカスタマが責任を持つべき技術的ぜい弱性に関する情報を要求特定し、管理し対応することが求められる。

クラウドサービビプロバイダ

　提供しているクラウドサービスの技術的ぜい弱性に関する情報を明確にし、カスタマに開示する。

8
技術的管理策

8.9 構成管理【新規管理策】

		管理策比較表		
	\multicolumn{2}{c}{2022年版}		\multicolumn{2}{c}{2013年版}

		2022年版		2013年版
管理策	8.9	構成管理	—	該当なし
	\multicolumn{2}{l}{ハードウェア、ソフトウェア、サービス及びネットワークのセキュリティ構成を含む構成を確立し、文書化し、実装し、監視し、レビューしなければならない。}		—

●**目 的**

　ハードウェアやソフトウェア、サービス、ネットワークが、必要とされるセキュリティ設定で正しく機能し、認可されていない変更や誤った変更によって構成が変えられないことを確実にするため。

●**解釈と注意する点**

　構成管理とは、情報システムやネットワーク、ソフトウェアなどの要素を把握、管理することである。情報定義した構成を維持するためのプロセスやツールを定義し、実装、監視、レビューすることが求められている。適切な構成管理を行うことで、インシデント発生時の影響範囲の特定やぜい弱性の特定が容易になる。

審査員が教える運用のポイント

　構成を管理するプロセスを定義し、文書化する。その際、構成要素は漏れなく記録する。構成要素にはハードウェアやソフトウェアおよびライセンス、サービス、ネットワークや契約情報、ベンダ情報がある。構成管理ツールなど専用のソフトウェアを利用することで、一連の情報を一元的に管理することが可能となる。

　また、サーバやネットワーク機器などハードウェアの点検や部品の交換

時期を明確にする。ソフトウェアのバージョン管理も行い、サービスとそれに対応するハードウェアやソフトウェアを明確に紐づける。一例を示すと、「サービス A が搭載されているサーバは ABC サーバである」「サービス B に必要なソフトウェアは DEF でそのバージョンは 2.0 である」というようになる。

8 技術的管理策

8.10 情報の削除【新規管理策】

管理策比較表				
	2022 年版		2013 年版	
管理策	8.10	情報の削除	—	該当なし
	情報システム、装置又はその他の記憶媒体に保存している情報は、必要でなくなった時点で削除しなければならない。		—	

●目 的

　取り扱いに慎重を要する情報の不必要な漏えいを防ぎ、情報の削除に関する法令や規制、契約上の要求事項を順守するため。

●解釈と注意する点

　取り扱いに慎重を要する情報は、適切なタイミングかつ方法で削除することが求められている。情報の削除は、関連する法律や規制を考慮する必

要がある。例えば、個人情報保護法では個人情報の削除に関して規定されている。

　情報を削除するプロセスを定義し、文書化する。例えば、CDはCDシュレッダーにかけるなど、媒体に応じた削除手法を定める。削除の履歴を記録し、抜け・漏れがないようにする。保存期間を超えた情報は保持しない。また、削除処理の結果をハードコピーするなど削除した証拠を残す。情報の削除をサービス提供者に依頼する際は、信頼できる提供者を選定するとともに情報削除の証拠も得ておく。

クラウドサービスカスタマ

　クラウドサービスプロバイダに情報の削除を要請し、情報削除の証拠を得る（サービス仕様書に明記するなど）。

クラウドサービスプロバイダ

　カスタマからの依頼もしくはサービス提供の終了に伴う、情報の削除時期を失せずに実施する。情報削除の証拠提出をカスタマと合意している場合は削除後、速やかに提出する。

8 技術的管理策

8.11 データマスキング【新規管理策】

管理策比較表			
	2022年版		2013年版
管理策	8.11	データマスキング	―	該当なし
	マルウェアに対する保護を実施し、利用者の適切な認識によって支援しなければならない。		―

●目 的

PIIを含む取り扱いに慎重を要するデータの開示を制限し、法令や規制、契約上の要求事項を順守するため。

●解釈と注意する点

データマスキングとは、アプリケーションプログラムや業務プロセスで利用できるようにしながら、さまざまな方法で機密データをユーザから隠すことである。機密データを非機密データや擬似データに置き換えることで、機密データを保護できる可能性がある。関連する法律・規制を考慮する必要がある。例えば、個人情報保護法では匿名加工情報や仮名加工情報に関する規定がある。

審査員が教える運用のポイント

最適なデータマスキング手法を採用する。データマスキング手法の代表事例は、英数字をランダムに並べ替えて元のコンテンツを見えなくする「スクランブル」、元のデータを信頼できる値の供給源から別の値に置き換える「置換」、日付フィールドを特定の範囲で増減させる「日付エージング」、値の一部をスクランブル化して下4ケタだけを見えるようにしたクレジットカード番号によく適用される方式の「マスキングアウト」、データ列の実際の値をヌル値で置き換えて完全にデータを見えなくする「無効

化」などがある。

　許可されたユーザのみが機密情報にアクセスできるようにすることも大事である。クレジットカード番号などのマスキングする必要のあるデータを漏れなく洗い出す。個人情報保護法など法令・規制に従ってマスキングを実施する。

8 技術的管理策

8.12 データ漏えい防止【新規管理策】

管理策比較表			
	2022 年版		2013 年版
管理策	8.12　データ漏えい防止	—	該当なし
	取り扱いに慎重を要する情報を処理、保存または送信するシステム、ネットワークその他装置に対して漏えい防止対策が求められている。		—

●目 的

個人またはシステムによる情報の認可されていない開示と抽出を検出し、防止するため。

●解釈と注意する点

取り扱いに慎重を要する情報を処理や保存、送信するシステム、ネットワークとその他の装置に対して、データ漏えい防止対策を行うことが求められている。

審査員が教える運用のポイント

保有する機微情報を識別し、その重要度や機密性に基づいて分類する。機微情報とは、漏えいした場合に組織や個人に重大な損害を与える可能性のある情報である。機密性、完全性、可用性の三つの観点から重要度を評価・分類する。

機微情報へのアクセスを許可する対象を限定し、そのアクセス権限を適切に管理する。アクセス制御については、「8.3 情報へのアクセス制限」を参照してほしい。機微情報は暗号化する。暗号化については、「8.24 暗号の利用」を参照してほしい。また、監視と検知の対策を実施する。監視については、「8.16 監視活動」を参照してほしい。

8.13 情報のバックアップ

管理策比較表			
	2022年版		2013年版
管理策	8.13	情報のバックアップ	A.12.3.1 情報のバックアップ
	ハードウェア、ソフトウェア、サービス及びネットワークのセキュリティ構成を含む構成を確立し、文書化し、実装し、監視し、レビューしなければならない。		情報、ソフトウェア及びシステムイメージのバックアップは、合意されたバックアップ方針に従って定期的に取得し、検査すること。

●目 的
データまたはシステムの損失からの回復を可能にするため。

●解釈と注意する点
保管されているデータやシステムを、消失、損傷から保護するための管理策である。バックアップの完全性を確保するため運用手順を策定するとともに、バックアップの実行を監視し、計画したバックアップの失敗への対処などが求められている。

●クラウドサービス固有の実施の手引き

実施の手引き 12.3.1	クラウドサービスカスタマ	クラウドサービスプロバイダ
	クラウドサービスプロバイダがクラウドサービスの一部としてバックアップ機能を提供する場合は、クラウドサービスカスタマは、クラウドサービスプロバイダにバックアップ機能の仕様を要求することが望ましい。また、クラウドサービスカスタマは、その仕様がバックアップに関する要求事項を満たすことを検証することが望ましい。クラウドサービスプロバイダがバックアップ機能を提供しない場合は、クラ	クラウドサービスプロバイダは、クラウドサービスカスタマに、バックアップ機能の仕様を提供することが望ましい。その仕様には、必要に応じ、次の情報を含めることが望ましい。 －バックアップ範囲及びスケジュール －該当する場合には暗号を含む、バックアップ手法及びデータ形式 －バックアップデータ保持期間 －バックアップデータの完全性を検証するための手順

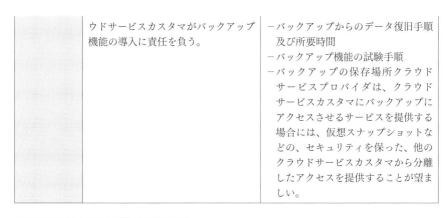

	ウドサービスカスタマがバックアップ機能の導入に責任を負う。	－バックアップからのデータ復旧手順及び所要時間 －バックアップ機能の試験手順 －バックアップの保存場所クラウドサービスプロバイダは、クラウドサービスカスタマにバックアップにアクセスさせるサービスを提供する場合には、仮想スナップショットなどの、セキュリティを保った、他のクラウドサービスカスタマから分離したアクセスを提供することが望ましい。

審査員が教える運用のポイント

　バックアップポリシーを策定する。バックアップポリシーには、バックアップの目的や範囲、頻度、方法、保存先や復元方法などを定め、定期的に実施することを定義する。また、バックアップは災害やシステム障害に備えて、安全な場所に保管されていなければならない。バックアップの保管場所の条件は、「安全な場所」「定期的に点検を行う」「アクセス権限を制限」を満たす必要がある。

　さらに、バックアップが正常に復元できるかどうかを確認するために、定期的に復元テストを実施する。復元テストでは、「バックアップの完全性」「バックアップの復元時間」などを確認する。

　バックアップの実行状況や保管状況などは、ログなどを活用して適切に管理する。

クラウドサービスカスタマ

　プロバイダがバックアップ機能を提供している場合は、プロバイダにバックアップ機能の仕様を要求し、確認する。そして、バックアップ仕様がカスタマの要求事項を満たしていることを検証する。一方、プロバイダがバックアップ機能を提供しない場合は、カスタマ独自のバックアップを導入する。

　カスタマの要求とプロバイダのバックアップ仕様に差がある場合、差分の解消要否や方法を検討して適用する。差分の例としてバックアップスケ

8
技術的管理策

ジュールに関し、カスタマの要求とプロバイダ仕様が違う場合が考えられる。

クラウドサービスプロバイダ

　カスタマにバックアップ機能を提供する。さらに、カスタマにバックアップ機能の仕様を提供する。バックアップ仕様には、バックアップ範囲とスケジュール、暗号を含むバックアップ手法およびデータ形式、バックアップデータ保持期間、バックアップデータの完全性を検証するための手順、バックアップからのデータ復旧手順および所要時間、バックアップ機能の試験手順、バックアップの保存場所を含む。

　マルチテナンシとして提供し、複数のカスタマのデータを一括してバックアップしている場合は、仮想スナップショットなどを利用して個々のカスタマのデータを特定できるようにする。

8 技術的管理策

8.14 情報処理施設・設備の冗長性

管理策比較表				
	2022 年版		2013 年版	
管理策	8.14	情報処理施設・設備の冗長性	A.17.2.1	情報処理施設の可用性
	情報処理施設は、可用性の要求事項を満たすのに十分な冗長性をもって、導入すること。		情報処理施設は、可用性の要求事項を満たすのに十分な冗長性をもって、導入しなければならない。	

●目 的

データやシステムの損失からの回復を可能にするため。

●解釈と注意する点

情報処理施設・設備の可用性を確実にするための管理策である。情報処理施設・設備の冗長な構成要素と処理施設の運用手順を明確にし、実施することが求められている。情報処理施設・設備とは、「あらゆる情報の情報システム、サービス若しくは基盤、又はこれらを収納する物理的場所」と定義されている（JIS Q 27000：2019 より）。冗長化とはシステムや設備について、性能や構成・データの内容などが同一のスペアを準備しておくことである。

審査員が教える運用のポイント

情報システムの可用性に関する業務上の要求事項を特定する。サーバやストレージ、ネットワーク機器、電力供給などを冗長化する。情報処理施設や設備のデータは定期的にバックアップを取得し、災害が発生した場合でも情報処理施設や設備を継続的に利用できるように、災害対策を実施する。

8 技術的管理策

8.15 ログ取得

管理策比較表			
	2022年版		2013年版
管理策	8.15	ログ取得	A.12.4.1　イベントログ取得
	内容：情報セキュリティインシデントに繋がる可能性のある情報セキュリティ事象の特定など、調査を支援する目的で、ログの種類を限定せずに包括的なログの管理と分析、調査をしなければならない。		利用者の活動、例外処理、過失及び情報セキュリティ事象を記録したイベントログを取得し、保持し、定期的にレビューすること。
			A.12.4.2　ログ情報の保護
			ログ機能及びログ情報は、改ざん及び認可されていないアクセスから保護すること。
			A.12.4.3　実務管理者及び運用担当者の作業ログ
			システムの実務管理者及び運用担当者の作業は、記録し、そのログを保護し、定期的にレビューすること。

●目 的
　事象を記録し、証拠を生成し、ログ情報の完全性を確実にし、認可されていないアクセスを防止し、情報セキュリティインシデントにつながる可能性のある情報セキュリティ事象を特定して調査を支援するため。

●解釈と注意する点
　ログを作成する目的や収集データと記録、ログのデータを保護し取り扱うための要求事項を決定し、取得したログはインシデントの分析・調査、システム間のログの関連とクロック同期していることが求められる。

●クラウドサービス固有の実施の手引き

実施の手引き 12.4.1	クラウドサービスカスタマ	クラウドサービスプロバイダ
	クラウドサービスカスタマは、イベントログ取得の要求事項を定義し、クラウドサービスがその要求事項を満たすことを検証することが望ましい。	クラウドサービスプロバイダは、クラウドサービスカスタマに、ログ取得機能を提供することが望ましい。
実施の手引き 12.4.3	特権的な操作がクラウドサービスカスタマに委譲されている場合は、その操作及び操作のパフォーマンスについてログを取得すること。クラウドサービスカスタマは、クラウドサービスプロバイダが提供するログ取得機能が適切かどうか、又はクラウドサービスカスタマがログ取得機能を追加して実装すべきかどうかを決定することが望ましい。	―

審査員が教える運用のポイント

　ログ取得の目的や範囲、種類、頻度、保存期間などを定めたログ取得ポリシーを策定する。取得するログの内容はシステムの要求事項に合っているかを確認する。一般的には利用者や利用したシステムの識別情報、日時、操作内容と捜査結果、エラー情報、特権的アクセス権によるアクセスなどを取得するのが望ましい。策定したログ取得ポリシーに従って定期的にログの取得と保管を実施し、分析ツールなどを利用して分析する。

クラウドサービスカスタマ

　ログ取得に関する要求事項を定義して要求・確認する。プロバイダが提供するログの仕様は、カスタマの要求事項を満たしていることを検証する。

クラウドサービスプロバイダ

　カスタマにログ取得機能および仕様を提供する。ログ取得仕様には、ログ取得のタイミングやフォーマット（取得時間、イベントID、リクエスト対象）、出力場所（ファイル、管理ツール）などを含む。保管期間や提供方法を決め、必要に応じてアーカイブする。

8
技術的管理策

8.16 監視活動【新規管理策】

管理策比較表			
	2022年版		2013年版
管理策	8.16　監視活動	—	該当なし
	情報セキュリティインシデントの可能性を評価するために、ネットワーク、システム及びアプリケーションについて異常な挙動がないか監視し、適切な処置を講じなければならない。		—

●目 的

　異常な行動・動作および潜在する情報セキュリティインシデントを検出するため。

●解釈と注意する点

　ネットワークやシステム、アプリケーションについて異常な行動・動作がないか監視し、適切な処置を講じることが求められている。

●クラウドサービス拡張管理策と実施の手引き

拡張管理策	CLD.12.4.5	クラウドサービスの監視
	クラウドサービスカスタマは、クラウドサービスカスタマが利用するクラウドサービスの操作の特定の側面を監視する能力をもつことが望ましい。	
実施の手引き	クラウドサービスカスタマ	クラウドサービスプロバイダ
	クラウドサービスカスタマは、クラウドサービスプロバイダに、各クラウドサービスで利用可能なサービス監視機能に関する情報を要求することが望ましい。	クラウドサービスプロバイダは、クラウドサービスカスタマが、自らに関係するクラウドサービスの操作の特定の側面を監視できるようにする機能を提供することが望ましい。例えば、クラウドサービスが、他者を攻撃する基盤として利用されていないか、機微な

	データがクラウドサービスから漏えいしていないかを監視し検出する。適切なアクセス制御によって、監視機能の利用のセキュリティを保つことが望ましい。 この機能は、当該クラウドサービスカスタマのクラウドサービスインスタンスに関する情報へのアクセスだけを許可することが望ましい。クラウドサービスプロバイダは、クラウドサービスカスタマにサービス監視機能の文書を提供することが望ましい。 監視は、12.4.1 に記載されたイベントログと矛盾しないデータを提供し、かつ、SLA の条項の適用を支援することが望ましい。

審査員が教える運用のポイント

　監視活動の目的や範囲、監視対象、方法、頻度、責任者などを定めた監視計画を策定する。策定した監視計画に従って、定期的に監視活動を実施する。そして、監視活動の結果を記録、分析、報告する。分析することで改善点やリスクの把握が可能となる。

　クラウドサービスで利用可能な監視機能に関する情報を要求し、確認する。クラウドサービスで利用可能な監視機能を利用して、監視する。

　カスタマが利用するクラウドサービスの操作において、特定の側面を監視する機能を提供しているかが問われる。特定の側面は、「機密性の側面」「完全性の側面」「可用性の側面」の三つが挙げられる。それぞれ、クラウドサービスがマルウェアなどの攻撃に利用されていないか、他のカスタマの誤りなどによってデータの完全性が失われないか、プロバイダの独自処理により稼働率が低下するなどで可用性を阻害していないか、に関与する。

　このほか適切なアクセス制御により、セキュリティを保った状態で監視機能を提供することも重要である。例えば、当該カスタマには、そのカスタマのクラウドサービスインスタンス（サーバリソース）に関する情報のみを提供可能とする。また、カスタマに監視機能の文書を提供する。

8 技術的管理策

8 技術的管理策

8.17 クロックの同期

管理策比較表				
	2022年版		2013年版	
管理策	8.17	クロックの同期	A.12.4.4	クロックの同期
	組織が使用する情報処理システムのクロックは、組織が採用した時刻源と同期させなければならない。		組織又はセキュリティ領域内の関連する全ての情報処理システムのクロックは、単一の参照時刻源と同期させなければならない。	

●目 的

　セキュリティ関連の事象と、その他の記録されたデータの関係付けおよび分析を可能にし、情報セキュリティインシデントの調査を支援するため。

●解釈と注意する点

　クロック同期とは、法令や規制、契約、標準、内部監視、ビル管理システム、入退出システムなどを含むすべてのシステムに対して、基準とする時刻源を定めることである。コンピュータ内のクロック設定は、イベントログの正確さを確実にするために重要である。

●クラウドサービス固有の実施の手引き

管理策	クロックの同期	
実施の手引き 12.4.4	クラウドサービスカスタマ	クラウドサービスプロバイダ
	クラウドサービスカスタマは、クラウドサービスプロバイダのシステムで使用するクロックの同期について、情報を要求することが望ましい。	クラウドサービスプロバイダは、クラウドサービスカスタマに、クラウドサービスプロバイダのシステムで使用しているクロックについて、及びクラウドサービスカスタマがそのクロックをクラウドサービスのクロックに同期させる方法について、情報を提供することが望ましい。

210

審査員が教える運用のポイント

　クロック同期の目的や範囲、方法、頻度、責任者などを定めたクロック同期ポリシーを策定する。策定したクロック同期ポリシーに従って、定期的にクロック同期を実行しているかが重要である。また、組織内で用いるための基準となる時刻源を定める。クロック同期の「精度」「頻度」などの結果を監視する。

クラウドサービスカスタマ

　クラウド上で使用するクロックの同期について情報を要求し、確認する。

クラウドサービスプロバイダ

　カスタマに、クラウド上で使用するクロック情報と同期の方法を提供する。

8.18 特権的なユーティリティプログラムの使用

管理策比較表				
管理策	2022年版		2013年版	
	8.18	特権的なユーティリティプログラムの使用	A.9.4.4	特権的なユーティリティプログラムの使用
	システム及びアプリケーションによる制御を無効にすることのできるユーティリティプログラムの使用は、制限し、厳しく管理しなければならない。		システム及びアプリケーションによる制御を無効にすることのできるユーティリティプログラムの使用は、制限し、厳しく管理すること。	

●目 的

ユーティリティプログラムの使用が、システムおよびアプリケーションについての情報セキュリティ管理策に、影響を与えないことを確実にするため。

●解釈と注意する点

特権的なユーティリティプログラムとは、システムの管理や保守を行うために必要なプログラムで、通常のユーザには使用が許可されていないプログラムである。この特権的ユーティリティプログラムを、可能な限り少人数の信頼できる認可された利用者だけに限定し、不正利用や誤った利用をさせないために厳しく管理することを求めている。

●クラウドサービス固有の実施の手引き

実施の手引き 9.4.4	クラウドサービスカスタマ	クラウドサービスプロバイダ
	ユーティリティプログラムの利用が許可されている場合には、クラウドサービスカスタマは、クラウドコンピューティング環境において利用するユーティリティプログラムを特定し、クラウドサービスの管理策を妨げないことを確実にすることが望ましい。	クラウドサービスプロバイダは、クラウドサービス内で利用される全てのユーティリティプログラムのための要求事項を特定すること。クラウドサービスプロバイダは、認可された要員だけが、通常の操作手順又はセキュリティ手順を回避することのできるユーティリティプログラムを利用できるように厳密に制限し、そのようなプログラムの利用を定期的にレビューし、監査することを確実にすることが望ましい。

審査員が教える運用のポイント

　特権的なユーティリティプログラムを管理する。その際に考慮することは、使用のための識別や認証・認可手順を策定し、実施する。アプリケーションソフトウェアから分離することも重要である。可能な限り少人数の信頼できる認可された利用者だけに限定するほか、認可されたシステム変更のための期間で利用するなど使用を制限する。すべての使用に関するログを取得することに加え、最新バージョンの使用を徹底する。

クラウドサービスカスタマ

　ユーティリティプログラムの利用が許可されている場合は、資産目録に記載するなど利用するユーティリティプログラムを特定する。また、リスクアセスメントの観点からもクラウドサービスのセキュリティ対策を妨げない。

クラウドサービスプロバイダ

　クラウドサービス内で利用されるすべてのユーティリティプログラムのへの要求事項を特定する。ユーティリティプログラムは、認可された要員だけが利用できるように厳密に制限するほか、利用状況を監視して定期的にレビューする。

8
技術的管理策

8.19 運用システムに関わるソフトウェアの導入

管理策比較表				
	2022年版		2013年版	
管理策	8.19	運用システムに関わるソフトウェアの導入	A.12.5.1	運用システムに関わるソフトウェアの導入
	運用システムへのソフトウェアの導入をセキュリティを保って管理するための手順及び対策を実施しなければならない。		運用システムに関わるソフトウェアの導入を管理するための手順を実施すること。	
			A.12.6.2	ソフトウェアのインストールの制限
			利用者によるソフトウェアのインストールを管理する規則を確立し、実施すること。	

●**目 的**

運用システムの完全性の維持を確実にし、技術的ぜい弱性の悪用を防止するため。

●**解釈と注意する点**

運用システムを構成するソフトウェア（オペレーティングシステムやミドルウェア、アプリケーションシステム）の導入やアップグレードを行うときは、特にセキュリティを考慮する必要がある。ぜい弱性を除去・低減するために実施するパッチ適用について管理することや、ソフトウェア供給者のサポート終了などの情報を常に監視するとともに、最新版の使用を維持することを求めている。

審査員が教える運用のポイント

運用システムに関わるソフトウェアの導入や更新を管理するための手順を策定し、実施する。具体的には、適切な管理者の認可に基づき、適切な実務管理者だけが実施する。ソフトウェアの導入や更新は、十分な試験に

成功した後に実施する。試験は使用性やセキュリティ、他システムへの影響およびユーザフレンドリ性の試験を含める。また、運用システムとは別のシステムで実行する。ソフトウェアの更新を実施する前には、ソフトウェアの旧版を保持するなどロールバックに備えるとともに、すべての更新についてログを取得する。

　次に、利用者によるインストールを制限する。利用者がインストールしてもよいソフトウェアの種類について、厳密な方針を策定し実施する。このとき、特権の許可は最小限にする。許可する場合は、関連する利用者の役割を考慮する。ソフトウェアのインストールの種類のうち、許可するもの（例えば、既存のソフトウェアの更新やセキュリティパッチの適用）、および禁止するもの（例えば、個人利用のためのソフトウェアや潜在的な悪意の有無が不明か、その疑いがあるソフトウェア）を特定する。

　そして、セキュリティ対策が十分かどうかを「セキュリティ機能」「ぜい弱性」「更新状況」などで評価し、必要なセキュリティ対策を実施する。必要な対策としては、ソフトウェア導入時のソフトウェアの検査、ソフトウェアを使用中のアクセス権限の制限やソフトウェアの監視、最新バージョンの使用やアップデートの自動化、となる。

8 技術的管理策

8 技術的管理策

8.20 ネットワークセキュリティ

管理策比較表			
	2022年版		2013年版
管理策	8.20　ネットワークセキュリティ		A.13.1.1　ネットワーク管理策
	システム及びアプリケーション内の情報を保護するために、ネットワーク及びネットワーク装置のセキュリティを保ち、管理し、制御しなければならない。		システム及びアプリケーション内の情報を保護するために、ネットワークを管理し、制御すること。

●目 的

　ネットワークとそれをサポートする情報処理施設における情報を、ネットワークを通じた危険から保護するため。

●解釈と注意する点

　ネットワークのセキュリティは、ネットワークにおける情報の保護と、ネットワークを支える情報処理施設の保護を確実にするための管理策である。ネットワーク設備と装置の管理に関する責任や手順を確立し、ネットワーク図などを通じたネットワークの構成の管理などが挙げられる。公衆ネットワークや第三者ネットワークなど、すべてのネットワークを通過するデータの機密性および完全性と、それらに接続したシステム・アプリケーションを保護することを求められている。

審査員が教える運用のポイント

　ネットワークセキュリティに関連する目的や範囲、方法、責任者などを定めたポリシーを策定し、実施する。ネットワークセキュリティの対策として、ファイアウォールや侵入検知システム、ウイルス対策ソフトの導入が挙げられる。ほかにも、アクセス制御の実施（フィルタリング、認証など）やネットワークの監視と、攻撃を受けた場合の対応方法の確立が求め

られる。

　一方、ネットワークセキュリティの有効性や実効性を継続的に監視することも重要である。ネットワークセキュリティの監視には、ログの監視やネットワークのぜい弱性スキャン、ネットワークのパフォーマンス監視という方法がある。

8 技術的管理策

8.21 ネットワークサービスのセキュリティ

管理策比較表			
	2022年版		2013年版
	8.21	ネットワークサービスのセキュリティ	A.13.1.2　ネットワークサービスのセキュリティ
管理策	ネットワークサービスのセキュリティ機能、サービスレベル及びサービスの要求事項を特定し、実装し、監視しなければならない。		組織が自ら提供するか外部委託しているかを問わず、全てのネットワークサービスについて、セキュリティ機能、サービスレベル及び管理上の要求事項を特定しなければならず、また、ネットワークサービス合意書にもこれらを盛り込まなければならない。

●目 的

　組織が利用するネットワークサービスのセキュリティを適切に確保するため。

●解釈と注意する点

　組織が自ら提供するか外部委託しているかを問わず、すべてのネットワークサービス（インターネット接続、Eメール、ファイル転送、VPNなど）について、情報の保護およびネットワークを支える情報処理施設の保護を確実に実施するための管理策である。

審査員が教える運用のポイント

　ネットワークサービスセキュリティの日的や対象、方法、責任者などを定めたセキュリティポリシーを策定することがポイントとなる。また、策定したセキュリティポリシーに従ってネットワークサービスセキュリティ対策を実施する。

　ネットワークサービスセキュリティの対策は、ネットワークサービスプロバイダのセキュリティ対策の確認と合意、サービスレベル合意書（SLA：Service Level Agreement）で合意することが望ましい。さらに、これに加えて、ネットワークサービスのアクセス制御も留意しておく。そして、ネットワークサービスセキュリティの有効性や実効性を継続的に監視する。

8 技術的管理策
8.22 ネットワークの分離

管理策比較表			
管理策	**2022年版**		**2013年版**
	8.22 ネットワークの分離		A.13.1.3 ネットワークの分離
	情報サービス、利用者及び情報システムは、組織のネットワーク上で、グループごとに分離しなければならない。		情報サービス、利用者及び情報システムは、ネットワーク上で、グループごとに分離すること。

●目 的
業務の要求に基づいてネットワークをセキュリティ境界で分割し、それらの間のトラフィックを管理するため。

●解釈と注意する点
ネットワークをセキュリティレベルや機能、目的などの観点から分離した領域のことを「ネットワーク領域」としている。ネットワーク領域は、組織の管理やサーバ領域との組み合わせ、リスクを考慮して分離する。

●クラウドサービス固有の実施の手引き

実施の手引き 13.1.3	クラウドサービスカスタマ	クラウドサービスプロバイダ
	クラウドサービスカスタマは、クラウドサービスの共有環境においてテナントの分離を実現するためのネットワークの分離に関する要求事項を定義し、クラウドサービスプロバイダがその要求事項を満たしていることを検証することが望ましい。	クラウドサービスプロバイダは、次の場合においてネットワークアクセスの分離を確実に実施することが望ましい。 －マルチテナント環境におけるテナント間の分離 －クラウドサービスプロバイダ内部の管理環境とクラウドサービスカスタマのクラウドコンピューティング環境との分離 必要な場合には、クラウドサービスプロバイダは、クラウドサービスプロバイダが実施している分離を、クラウド

		サービスカスタマが検証することを助けることが望ましい。

●クラウドサービス拡張管理策と実施の手引き

拡張管理策	CLD.13.1.4	仮想及び物理ネットワークのセキュリティ管理の整合
	仮想ネットワークを設定する際には、クラウドサービスプロバイダのネットワークセキュリティ方針に基づいて、仮想ネットワークと物理ネットワークとの間の設定の整合性を検証することが望ましい。	
実施の手引き	クラウドサービスカスタマ	クラウドサービスプロバイダ
	—	クラウドサービスプロバイダは、物理ネットワークの情報セキュリティ方針と整合の取れた、仮想ネットワークを設定するための情報セキュリティ方針を定義し文書化することが望ましい。クラウドサービスプロバイダは、設定作成に使用する手段によらず、仮想ネットワークの設定が情報セキュリティ方針に適合することを確実にすることが望ましい。

審査員が教える運用のポイント

　ネットワークの分離の目的や範囲、方法、責任者などを定めたネットワークの分離ポリシーを策定する。そのポリシーに従って分離を実施する。分離の方法には、ファイアウォールやVLANなどネットワーク機器の導入、アクセス制御リスト（ACL）の設定、ネットワークの物理的な隔離が挙げられ、分離の有効性や実効性の監視も問われる。

クラウドサービスカスタマ

　テナントの分離を実現するためのネットワーク分離に関する要求事項と、定義した要求事項をプロバイダが満たしていることを検証する。

クラウドサービスプロバイダ

　マルチテナント環境におけるテナント間の分離、プロバイダ内部の管理環境とカスタマの環境を分離、カスタマが実施する分離の検証を支援する。

8 技術的管理策

8.23　ウェブフィルタリング【新規管理策】

管理策比較表			
	2022年版		2013年版
管理策	8.23 ウェブフィルタリング	—	該当なし
	悪意のあるコンテンツにさらされることを減らすために、外部ウェブサイトへのアクセスを管理しなければならない。		—

●目 的

　システムがマルウェアによって危険にさらされることを防ぎ、認可されていないウェブ資源へのアクセスを防止するため。

●解釈と注意する点

　ウェブフィルタリングとは、組織が利用するインターネットアクセスを制御する対策である。特定のURLやポートへのアクセスを制限したり、特定のコンテンツの閲覧を制限したりすることでセキュリティインシデントのリスクを低減し、情報資産を保護することが可能となる。外部ウェブサイトへのアクセスを制御することで、悪意のあるコンテンツにさらされることを減らせる可能性がある。闇サイトなどの違法な情報へのアクセス、ウイルスやフィッシングの材料があるウェブサイトを特定して制限し、組織の要員がアクセスするリスクを減らすことが求められている。

審査員が教える運用のポイント

　制限が過剰にならないよう、フィルタリングの目的や業務の状況などに合わせて、適切なフィルタリング方法を採用する。一例として、ブロックするWebサイトをあらかじめリスト化する方法のブラックリスト方式や、アクセスに問題のないサイトだけをあらかじめ登録しておくフィルタリング方法のホワイトリスト方式が挙げられる。ほかにも、Webサイト

8 技術的管理策

をいくつかに分類した上でアクセスできないカテゴリを指定する方法のカテゴリフィルタリング方式や、あらかじめ定めた基準に基づきWebサイトが格付けされていることを前提に、一定の格付けを下回るサイトへのアクセスを遮断する方法のレイティング方式などがある。

　Webフィルタリング導入時の注意点としては、業務に支障が出ない範囲内での制限にすることとし、業務への影響については十分に考慮しておきたい。また、ITリテラシーの向上を目指すことも課題となる。Webフィルタリングは、すべての悪質なサイトへのアクセスを遮断できるとは限らず、Webサイトの閲覧を行う従業員自身のリテラシーを高めることが求められる。さらに、柔軟に活用するためには例外運用規定を定めておくことも重要である。可用性を向上させるために、制限のかかったサイトへのアクセスが必要になる場合もある。

8 技術的管理策

8.24 暗号の利用

管理策比較表				
	2022年版		2013年版	
管理策	8.24	暗号の利用	A.10.1.1	暗号による管理策の利用方針
	暗号鍵の管理を含む、暗号の効果的な利用のための規則を定め、実装すること。		情報を保護するための暗号による管理策の利用に関する方針は、策定し、実施すること。	
			A.10.1.2	鍵管理
			暗号鍵の利用、保護及び有効期間（lifetime）に関する方針を策定し、そのライフサイクル全体にわたって実施すること。	

●目 的

　業務および情報セキュリティの要求事項に従い、暗号に関連する法令や規制、契約上の要求事項を考慮して、情報の機密性や真正性、完全性を保護するための暗号の適切かつ効果的な使用を確実にするため。

●解釈と注意する点

　暗号化された情報は、暗号鍵を用いなければ元の状態に戻すことができないため、機密性の保護に有用である。

　暗号化されたデータが漏えいした場合でも、データは保護されたままとなる可能性が高い。鍵を紛失すればデータが失われるため、鍵を保護することは非常に重要である。

●クラウドサービス固有の実施の手引き

実施の手引き 10.1.1	クラウドサービスカスタマ	クラウドサービスプロバイダ
	クラウドサービスカスタマは、リスク分析によって必要と認められる場合には、クラウドサービスの利用において、暗号による管理策を実施することが望ましい。その管理策は、クラウドサービスカスタマ又はクラウドサービスプロバイダのいずれが供給するものであれ、特定したリスクを低減するために十分な強度をもつものであることが望ましい。クラウドサービスプロバイダが暗号を提供する場合は、クラウドサービスカスタマは、クラウドサービスプロバイダが提供する全ての情報をレビューし、その機能について次の事項を確認することが望ましい。 －クラウドサービスカスタマの方針の要求事項を満たす。 －クラウドサービスカスタマが利用する、その他の全ての暗号による保護と整合性がある。 －保存データ、並びにクラウドサービスへの転送中のデータ、クラウドサービスからの転送中のデータ及びクラウドサービス内で転送中のデータに適用される。	クラウドサービスプロバイダは、クラウドサービスカスタマに、クラウドサービスプロバイダが処理する情報を保護するために、暗号を利用する環境に関する情報を提供すること。クラウドサービスプロバイダは、また、クラウドサービスカスタマ自らの暗号による保護を適用することを支援するためにクラウドサービスプロバイダが提供する能力についても、クラウドサービスカスタマに情報を提供することが望ましい。
実施の手引き 10.1.2	クラウドサービスカスタマは、各クラウドサービスのための暗号鍵を特定し、鍵管理手順を実施すること。クラウドサービスプロバイダが、クラウドサービスカスタマが利用する鍵管理機	－

能を提供する場合には、クラウドサービスカスタマは、クラウドサービスに関連する鍵管理手順について、次の情報を要求することが望ましい。 －鍵の種類 －鍵のライフサイクル、すなわち、生成、変更又は更新、保存、使用停止、読出し、維持及び破壊の各段階の手順を含む鍵管理システムの仕様 －クラウドサービスカスタマに利用を推奨する鍵管理手順 クラウドサービスカスタマは、自らの鍵管理を採用する場合又はクラウドサービスプロバイダの鍵管理サービスとは別のサービスを利用する場合、暗号の運用のための暗号鍵をクラウドサービスプロバイダが保存し、管理することを許可しないことが望ましい。	

審査員が教える運用のポイント

　暗号の効果的な利用のための考慮点は、暗号の利用目的や範囲、方法、責任者などを定めることである。暗号方式の決定は、リスクアセスメントに基づく要求される暗号アルゴリズムの種別や強度、品質を考慮に入れた保護レベルの識別を検討する。取り外し可能な媒体や通信により伝送される情報は、情報漏えいを防ぐため暗号の利用を図る。また、暗号鍵の管理は鍵の紛失や盗難、損傷した場合の暗号化された情報の復元方法を考慮し、実施や鍵生成を含めた鍵管理に対して役割と責任を明確にする。

　そして、組織全体にわたって効果的に実施するための標準化に着手する。暗号化とウイルススキャンなど情報内容の検査方法について検討する。

　一方、暗号鍵の管理のための考慮点は、暗号アルゴリズムや鍵の長さ、使用法を選定する際には最新の情報を入手することが挙げられる。暗号処理性能が上がることにより、暗号を解読される可能性があるためである。すべての暗号鍵を改変や紛失から保護する。そして、鍵の生成や保管、保存のために用いられる装置は物理的に保護する。

クラウドサービスカスタマ

　必要な場合、クラウドサービスの利用において暗号による管理策を実施する。その管理策は、クラウドサービスカスタマかクラウドサービスプロバイダのいずれかが供給するものであれ、特定したリスクを低減するために十分な強度を持つものとする。クラウドサービスプロバイダが暗号を提供する場合は、クラウドサービスプロバイダが提供するすべての情報をレビューする。プロバイダが提供する暗号化機能について以下の事項を確認する。

　　○クラウドサービスカスタマの方針の要求事項を満たす。

　　○クラウドサービスカスタマが利用する、その他のすべての暗号による保護と整合性がある。

　　○保存データ、クラウドサービスへの転送中のデータ、クラウドサービスからの転送中のデータおよびクラウドサービス内で転送中のデータに適用する。

　次に各クラウドサービスのための暗号鍵を特定し、鍵管理手順を実施する。クラウドサービスプロバイダが鍵管理機能を提供する場合は、クラウドサービスに関連する鍵管理手順について、鍵の種類や鍵のライフサイクル（生成、変更または更新、保存、使用停止、読み出し、維持および破壊）の各段階の手順を含む鍵管理システムの仕様、カスタマに利用を推奨する鍵管理手順、などの情報を要求する。自らの鍵管理を採用する場合、もしくはクラウドサービスプロバイダの鍵管理サービスとは別のサービスを利用する場合は、暗号の運用のための暗号鍵をクラウドサービスプロバイダが保存し、管理することを許可しない。

クラウドサービスプロバイダ

　クラウドサービスカスタマに、暗号を利用する環境に関する情報を提供する。クラウドサービスカスタマ自らの暗号による保護を適用することを支援する能力についても、クラウドサービスカスタマに情報を提供する。

8.25 セキュリティに配慮した開発の ライフサイクル

管理策比較表				
管理策	2022年版		2013年版	
	8.25	セキュリティに配慮した開発のライフサイクル	A.14.2.1	セキュリティに配慮した開発のための方針
	ソフトウェア及びシステムのセキュリティに配慮した開発のための規則を確立し、適用しなければならない。		ソフトウェア及びシステムの開発のための規則は、組織内において確立し、開発に対して適用すること。	

●目 的

　情報セキュリティを、ソフトウェアおよびシステムのセキュリティに配慮した開発ライフサイクルにおいて設計し、実装することを確実にするため。

●解釈と注意する点

　ソフトウェアおよびシステムのセキュリティに配慮した開発を行うことで、ソフトウェアおよびシステムのセキュリティ向上やインシデントリスクを低減することができる。そのための開発における規則を定めることを求めている。

●クラウドサービス固有の実施の手引き

実施の手引き 14.2.1	クラウドサービスカスタマ	クラウドサービスプロバイダ
	クラウドサービスカスタマは、クラウドサービスプロバイダが適用しているセキュリティに配慮した開発の手順及び実践に関する情報を、クラウドサービスプロバイダに要求することが望ましい。	クラウドサービスプロバイダは、開示方針に合致する範囲で、適用しているセキュリティに配慮した開発の手順及び実践に関する情報を提供することが望ましい。

審査員が教える運用のポイント

通常の開発ライフサイクルに合わせて、セキュリティに配慮した開発のための規則と標準を策定する。具体的には、セキュリティ要件（機密性、完全性、可用性）の定義やセキュリティ設計（システムやソフトウェアの構成、セキュリティ対策の実施方法）の定義、セキュリティ実装（ぜい弱性の排除、セキュアプログラミング技術、版の管理）、セキュリティテスト（ぜい弱性テストや侵入テストなど）などについて取り決める。

また、開発環境のセキュリティも考慮する。セキュリティに関する開発者の能力向上を図るとともに、外部委託者に対しても同等の対応を遵守させる。

クラウドサービスカスタマ

クラウドサービスプロバイダが適用しているセキュリティに配慮した開発の手順と実践に関する情報を、クラウドサービスプロバイダに要求して確認する。

クラウドサービスプロバイダ

開示方針に合致する範囲で、適用しているセキュリティに配慮した開発の手順と実践に関する情報を提供する。情報を提供した場合はその提供先や提供日、提供した情報の内容などを記録する。

8
技術的管理策

8.26 アプリケーションのセキュリティ の要求事項

管理策比較表				
	2022年版		2013年版	
管理策	8.26	アプリケーションのセキュリティの要求事項	A.14.1.2	公衆ネットワーク上のアプリケーションサービスのセキュリティの考慮
	アプリケーションを開発又は取得する場合、情報セキュリティ要求事項を特定し、規定し、承認しなければならない。		公衆ネットワークを経由するアプリケーションサービスに含まれる情報は、不正行為、契約紛争、並びに認可されていない開示及び変更から保護すること。	
			A.14.1.3	アプリケーションサービスのトランザクションの保護
			アプリケーションサービスのトランザクションに含まれる情報は、次の事項を未然に防止するために、保護すること。 －不完全な通信 －誤った通信経路設定 －認可されていないメッセージの変更 －認可されていない開示 －認可されていないメッセージの複製又は再生	

●**目 的**

　情報セキュリティを、ソフトウェアおよびシステムのセキュリティに配慮した開発ライフサイクルにおいて設計し、実装することを確実にするため。

●**解釈と注意する点**

　アプリケーションサービスとは、ネットワークを経由してソフトウェアやソフトウェアの稼働環境を提供するサービスのことである。アプリケーションサービスの不正行為の発生を防ぐ対策やトランザクションに含まれる情報の保護について特定し、規定し承認することが求められている。

審査員が教える運用のポイント

　サービスプロバイダとの間で、セキュリティに配慮した契約を締結する。自社のセキュリティレベルとサービスプロバイダのセキュリティレベルの違いを把握し、対応を図る。サービスプロバイダは、未許可のクラウドサービスを利用していないか、あるいは信頼できるクラウドサービスを利用しているかについて留意する。ほかにも、サービスプロバイダとの契約上の紛争解決のために必要な記録は残し、通信経路の盗聴や回線負荷の増大への対策を実施すべきである。

8 技術的管理策

8.27 セキュリティに配慮したシステムアーキテクチャ及びシステム構築の原則

管理策比較表				
		2022年版		2013年版
管理策	8.27	セキュリティに配慮したシステムアーキテクチャ及びシステム構築の原則	A.14.2.5	セキュリティに配慮したシステム構築の原則
	セキュリティに配慮したシステムを構築するための原則を確立し、文書化し、維持し、全ての情報システムの開発活動に対して適用しなければならない。		セキュリティに配慮したシステムを構築するための原則を確立し、文書化し、維持し、全ての情報システムの実装に対して適用すること。	

●**目 的**

　情報システムが開発のライフサイクルにおいてセキュリティに配慮し、設計から実装、運用されることを確実にするため。

●解釈と注意する点

　システムアーキテクチャとは、システムの設計方法やその枠組み（基本的な構造や設計、動作原理、実現方式）のことである。近年、システムアーキテクチャをベースにシステム構築されるようになり、システムアーキテクチャを利用したシステムに対してもセキュリティに配慮したシステムを構築するための原則を確立し、文書化し、維持し、すべての情報システムの開発活動に対して適用することが求められている。

審査員が教える運用のポイント

　セキュリティに配慮したシステムを構築するためのセキュリティポリシーを策定して実施する。特に、セキュリティレベルの向上に寄与しているか、新技術が既知の攻撃パターンに対応できているか、新たに発見した脅威に対抗できているか、新たな技術やソリューションに適用可能か、を確認する観点からセキュリティポリシーを定期的にレビューする。さらに、外部委託した情報システムにも適用するとともに、自社のポリシーと同様に厳密であることを確認する。

8 技術的管理策

8.28 セキュリティに配慮したコーディング
【新規管理策】

	管理策比較表		
	2022年版		2013年版
管理策	8.28	セキュリティに配慮したコーディング	—	該当なし
	セキュリティに配慮したコーディングの原則をソフトウェア開発に適用しなければならない。		—

●目 的

ソフトウェアがセキュリティに配慮して書かれ、それによってソフトウェアの潜在的な情報セキュリティのぜい弱性の数を減らすことを確実にするため。

●解釈と注意する点

セキュリティに配慮したコーディング（セキュアコーディング）とは、いわゆるハッカーなどの悪意のある攻撃に備えた防御プログラムを書くことなどである。これにより、ソフトウェアの潜在的な情報セキュリティのぜい弱性の数を減らすことを求めている。

審査員が教える運用のポイント

セキュリティに配慮したコーディングを実施するための開発標準やコーディング規約を制定し、実施する。開発標準やコーディング規約は、開発言語やプラットフォームを考慮する。また、コーディング規約に基づいてコーディングしていることをレビューする。

8
技術的管理策

8 技術的管理策

8.29 開発及び受入れにおける
セキュリティテスト

管理策比較表				
		2022年版		2013年版
管理策	8.29	開発及び受入れにおけるセキュリティテスト	A.14.2.8	システムセキュリティの試験
	セキュリティテストのプロセスを開発のライフサイクルにおいて定め、実施しなければならない。		セキュリティ機能（functionality）の試験は、開発期間中に実施すること。	
			A.14.2.9の受入れ試験	
			新しい情報システム、及びその改定版・更新版のために、受入れ試験のプログラム及び関連する基準を確立すること。	

●目 的

　アプリケーションまたはコードを運用環境に導入するときに、情報セキュリティ要求事項が満たされているかどうかの妥当性確認をするため。

●解釈と注意する点

　この管理策では、アプリケーションまたはコードを運用環境に導入するときに、情報セキュリティ要求事項が満たされているかどうかの妥当性確認をするため、セキュリティテストのプロセスを開発のライフサイクルにおいて定め、実施することが求められている。

　審査員が教える運用のポイント

(1) セキュリティテスト

　セキュリティテストとは、「ソフトウェア」「サーバ」「システム」「アプリケーション」において、プログラムの不具合やバグ、設計ミスといった原因により発生した情報セキュリティ上の欠陥を調べるためのテストのことである。セキュリティテストの考慮事項は、テスト開始前に詳細なテス

232

ト計画を作成して、実施することから着手する。テスト計画では、セキュリティに焦点を当てたテストの目的や手法、項目を考慮する。

　セキュリティテストの目的は、大別すると導入したセキュリティシステムの正常稼働を確認することと、ぜい弱性の発見である。前者はセキュリティソフトなどが正常に実装され、設計した通りに機能するかどうかを確認することで、後者はシステムのぜい弱性を運用前に発見することを示す。

　セキュリティテストの手法には、静的解析テストや動的解析テスト、ペネトレーションテストを代表とするぜい弱性テストと、ブラックボックステストやホワイトボックステスト、グレーボックステストと呼ばれる侵入テストがある。テスト項目には例外事象を含める。テストは、組織内での開発か外部委託での開発かにかかわらず、開発チームから独立した受け入れ試験を実施し、対象システムの重要性と性質に見合った程度で実施する。

(2) システムの受け入れテスト

　受け入れテストはシステムの稼働直前に行われることが多く、実際の運用環境かそれに近い環境で使用されるプロセス（業務）に沿ってソフトウェアを使用し、問題がないか検証するものである。システムの受け入れ試験の考慮事項は以下が挙げられる。

　　○情報セキュリティ要求事項のテストは、システム開発ライフサイクルにおける方針や規則に基づいて実施する。情報セキュリティ要求事項は、「5.8 プロジェクトマネジメントにおける情報セキュリティ」「8.26 アプリケーションのセキュリティの要求事項」を参照してほしい。またシステム開発ライフサイクルは、「8.25 セキュリティに配慮した開発のライフサイクル」を参照してほしい。

　　○受け入れた構成部品および統合されたシステムのすべてに対し、テストを実施する。

　　○コード分析ツールまたはぜい弱性スキャナのようなツールを利用して欠陥を修正した場合は、このツールによる修正を検証する。

8 技術的管理策

8.30 外部委託による開発

管理策比較表				
管理策	2022年版		2013年版	
	8.30	外部委託による開発	A.14.2.7	外部委託による開発
	組織は、外部委託したシステム開発に関する活動を指揮し、監視し、レビューしなければならない。		組織は、外部委託したシステム開発活動を監督し、監視すること。	

●目 的

　組織が要求する情報セキュリティ対策が、外部委託したシステム開発で実施されることを確実にするため。

●解釈と注意する点

　システム開発を外部委託する場合に組織は要求事項と期待を伝達し、合意し、外部委託した作業が要求を満たすかどうかを継続的に監視し、レビューすることが求められている。外部委託した内容に関連する使用許諾に関する合意やコードの所有権、知的財産権、セキュリティに配慮した設計、コーディングおよび試験の実施について指揮し、監視し、レビューすることが求められている。

審査員が教える運用のポイント

　セキュリティに配慮した取り決め（契約）を実施する。具体的には、セキュリティの責任分担（責任分界点）や瑕疵担保責任、セキュリティに配慮した設計や実装、テストの実施などがある。ほかにも、悪意のある内容（意図の有無にかかわらず）や既知のぜい弱性が含まれないことの確認結果の提出に加え、再委託の禁止あるいは事前承認の必要性、知的財産権や著作権などの適用法令遵守が挙げられる。また、外部委託先からの成果物の受け入れ検査を実施しているかどうかも大事なポイントとなる。

8 技術的管理策

8.31 開発環境、テスト環境及び 本番環境の分離

管理策比較表				
	2022年版		2013年版	
管理策	8.31	開発環境、テスト環境及び本番環境の分離	A.12.1.4	開発環境、試験環境及び運用環境の分離
	開発環境、テスト環境及び本番環境は、分離してセキュリティを保たなければならない。		開発環境、試験環境及び運用環境は、運用環境への認可されていないアクセス又は変更によるリスクを低減するために、分離すること。	
			A.14.2.6	セキュリティに配慮した開発環境
			組織は、全てのシステム開発ライフサイクルを含む、システムの開発及び統合の取組みのためのセキュリティに配慮した開発環境を確立し、適切に保護すること。	

●目 的

開発・試験活動による危険から運用環境とそのデータを保護するため。

●解釈と注意する点

開発環境やテスト環境と本番環境は分離することで、開発環境やテスト環境で発生したセキュリティインシデントの影響を防ぐこと、開発環境やテスト環境からの不正なデータアクセスをさせないこと、および本番環境の安定稼働が求められている。

審査員が教える運用のポイント

(1) 開発・試験環境と運用環境の分離

ソフトウェアの開発環境から運用環境への移行の規則を策定し、文書化する。開発ソフトウェアと運用ソフトウェアは、異なる領域またはディレクトリで実行する。一方、運用システムに対する変更は、運用システムへ

8 技術的管理策

235

の移行前に試験環境でテストする。例外的な状況を除き、運用システムで試験は行わない。コンパイラ、エディタなどの開発ツールやシステムユーティリティは、必要時以外は運用システムで実行できないようにする。

運用環境と試験環境には、異なるユーザプロファイル（個々のユーザの設定情報やファイル）を用いる。誤操作によるリスクを低減するため、メニューには適切な識別メッセージを表示する。重要なデータは、試験環境に運用環境と同等の管理策が備わっていない限り、試験環境への複写を禁止する。

⑵ セキュリティに配慮した開発環境

個々のシステム開発業務に伴うリスクアセスメントを実施して、開発環境を構築する。開発環境を構築する場合、すでに実施されているセキュリティ管理策を参考にする。開発環境の構築は、他の開発環境との分離の必要性を考慮するほか、アクセスの制御を実施する。開発プロセスの中断に備え、バックアップする。

8 技術的管理策

8.32 変更管理

管理策比較表			
	2022年版		2013年版
管理策	8.32	変更管理	A.12.1.2　変更管理
	情報処理設備及び情報システムの変更は、変更管理手順に従わなければならない。		情報セキュリティに影響を与える、組織、業務プロセス、情報処理設備及びシステムの変更は、管理すること。
			A.14.2.2　システムの変更管理手順
			開発のライフサイクルにおけるシステムの変更は、正式な変更管理手順を用いて管理すること。
			A.14.2.3　オペレーティングプラットフォーム変更後のアプリケーションの技術的レビュー
			オペレーティングプラットフォームを変更するときは、組織の運用又はセキュリティに悪影響がないことを確実にするために、重要なアプリケーションをレビューし、試験すること。
			A.14.2.4　パッケージソフトウェアの変更に対する制限
			パッケージソフトウェアの変更は、抑止しなければならず、必要な変更だけに限らなければならない。また、全ての変更は、厳重に管理すること。

●目 的
変更を実行するときに情報セキュリティを維持するため。

●解釈と注意する点
　情報処理施設や情報システムの変更は、セキュリティを含むシステムの不具合の原因となる。情報システムを構成する業務システム、オペレーティングプラットフォーム、パッケージソフトウェアの変更も変更管理の

対象となる。この変更をシステム開発のライフサイクル全体に対して手順化し、文書化することが求められている。

●クラウドサービス固有の実施の手引き

管理策	システムの変更管理手順	
12.1.2	クラウドサービスカスタマ	クラウドサービスプロバイダ
	クラウドサービスカスタマの変更管理プロセスは、クラウドサービスプロバイダによるあらゆる変更の影響を考慮することが望ましい。	クラウドサービスプロバイダは、クラウドサービスに悪影響を与える可能性のあるクラウドサービスの変更について、クラウドサービスカスタマに情報を提供することが望ましい。次の事項は、クラウドサービスカスタマが、当該変更が情報セキュリティに与える可能性のある影響を特定するのに役立つ。 －変更種別 －変更予定日及び予定時刻 －クラウドサービス及びその基礎にあるシステムの変更についての技術的な説明 －変更開始及び完了の通知 クラウドサービスプロバイダは、ピアクラウドサービスプロバイダに依存するクラウドサービスを提供する際には、クラウドサービスカスタマに、ピアクラウドサービスプロバイダによって行われた変更を通知する必要がある場合がある。

審査員が教える運用のポイント

(1) システムの変更管理

　変更を実行するときに情報セキュリティを維持するためには、正式な変更管理手順を策定し文書化する必要がある。変更管理手順策定時は、変更作業の計画策定と正式な責任体制の構築から着手する。変更の重要・軽微にかかわらず変更を記録し、変更を実施する際のリスクアセスメントを実施する。組織で定めた情報セキュリティ要求事項が満たされていることを検証し、すべての関係者への変更に関する詳細事項の通知を徹底する。

　その際、変更の影響を考慮した正式な承認手順と、変更の失敗から回復

する手順や代替手順も用意しておく。システム障害などインシデント解決のための緊急な変更プロセスについても検討しておくほか、変更前の文書類や記録類の保管・処分方法を明確化する。

(2) オペレーティングプラットフォームの変更管理

　オペレーティングプラットフォームとは、コンピュータシステムにおいてアプリケーションソフトウェアを実行するための基盤となるソフトウェアのことで、オペレーションシステム、ミドルウェア、データベースなどを指す。オペレーティングプラットフォームの変更はシステム全体に影響を及ぼす可能性があり、特に注意して変更管理しなければならない。

　そして、アプリケーションの機能および処理の完全性が損なわれていないことを確認する。変更版のオペレーティングプラットフォーム適用前に、動作確認がか確実に実施できるよう十分な期間をもって変更を通知する。

(3) パッケージソフトウェアの変更管理

　パッケージソフトウェアの変更は、ライセンス契約への違反に加え、パッケージソフトウェアに潜在しているバグが顕在化しないことやサポートが行われないなどのリスクがある。そこで、可能な限りパッケージソフトウェアは変更しない。もし変更が必要な場合は、組み込まれている機能や処理の完全性が損なわれるリスクへの対応を行う。具体的には供給者との間で、標準的なプログラム変更とするよう協議する、変更の同意を得る、変更の結果として組織が責任を負う必要があるか確認するなど、協議と調整を行う。

　ほかにも当該パッケージと他のソフトウェアとの互換性を確認し、将来のパッケージソフトウェアの変更に備え、すべての変更は十分に試験した上で文書化しておくことも忘れてはならない。

クラウドサービスカスタマ

　クラウドサービスプロバイダによるあらゆる変更の情報を入手する。また、そのことを合意する。そして、クラウドサービスプロバイダによるあらゆる変更の影響を確認しておき、あらゆる変更は記録する。

クラウドサービプロバイダ

　クラウドサービスに悪影響を与える可能性のあるクラウドサービスの変更について、クラウドサービスカスタマに情報を提供するピアクラウドサービスプロバイダに依存するクラウドサービスを提供する場合、ピアクラウドサービスプロバイダによって行われた変更を通知する。すべての変更について、情報提供の記録を残す。

8 技術的管理策

8.33 テスト用情報

管理策比較表				
管理策	**2022年版**		**2013年版**	
	8.33	テスト用情報	A.14.3.1	試験データの保護
	テスト用情報は、適切に選定し、保護し、管理しなければならない。		試験データは、注意深く選定し、保護し、管理すること。	

●目 的

　試験の適切な実施と、試験に使用する運用情報の保護を確実にするため。

●解釈と注意する点

　テスト用情報と運用情報を混同させてはならず、個人情報や機密情報をテスト用情報として利用することによる情報漏えいを防ぐことが求められている。

審査員が教える運用のポイント

　個人情報やその他の秘密情報を含んだ運用データは、テスト用情報として利用しない。個人情報やその他の秘密情報をテスト用情報として利用する場合は、適切なマスキングなどを講じる。運用情報をテスト環境にコピーする場合は、その都度認可を受ける。運用情報は試験が完了したら直ちに消去し、運用情報の複製と利用は、監査証跡とするためにログを取得する。

8
技術的管理策

241

8 技術的管理策

8.34 監査におけるテスト中の
情報システムの保護

管理策比較表				
	2022 年版		2013 年版	
管理策	8.34	監査におけるテスト中の情報システムの保護	A.12.7.1	情報システムの監査に対する管理策
	運用システムのアセスメントを伴う監査におけるテスト及びその他の保証活動を計画し、テスト実施者と適切な管理層との間で合意しなければならない。		運用システムの検証を伴う監査要求事項及び監査活動は、業務プロセスの中断を最小限に抑えるために、慎重に計画し、合意すること。	

●目 的

　監査およびその他の保証活動が、運用システムと業務プロセスに与える影響を最小限に抑えるため。

●解釈と注意する点

　情報システムの監査に対する考慮事項として、運用システムに対する監査活動の影響を最小限にするために、監査計画の立案とその合意が求められている。

【審査員が教える運用のポイント】

　システムとデータへのアクセスに関する監査要求事項は、適切な管理層の同意を得る。技術監査（技術的な視点でのチェック）におけるテストは監査計画を受領し、合意し、管理する。監査計画の受領時および監査中は、テスト範囲を限定するほか、ソフトウェアおよびデータの読み出し専用のアクセスに限定する。また、読み出し専用以外のアクセスは、システムファイルの隔離された複製に対してだけ許可し、それらの複製は監査が完了した時点で消去する。

　監査計画されていない、特別または追加のテスト項目が出た場合は、その内容を確認して問題がなければ合意する。可用性に影響する可能性がある場合は営業時間外に実施する。参照用の証跡を残すために、すべてのアクセスを監視してログを取得するなど考慮する。

審査員 が秘訣を教える！

2022年改定「ISO 27001/27017」

対応・導入マニュアル

〈参考文献〉

「JIS Q 27001：2014（ISO/IEC27001：2013）情報技術―セキュリティ技術―情報セキュリティマネジメントシステム―要求事項」

「JIS Q 27002：2014（ISO/IEC27002：2013）情報技術―セキュリティ技術―情報セキュリティ管理策の実践のための規範」

「JIS Q 27001：2023（ISO/IEC27001：2022）情報技術―セキュリティ技術―情報セキュリティマネジメントシステム―要求事項」

「ISO/IEC27002：2022 情報セキュリティ，サイバーセキュリティ及びプライバシー保護－情報セキュリティ管理策（対訳版）」

「JIS Q 27017：2016（ISO/IEC27017：2015）情報技術―セキュリティ技術―JIS Q 27002に基づくクラウドサービスのための情報セキュリティ管理策の実践の規範」

「ISO/IEC27017：2015に基づくISMSクラウドセキュリティ認証に関する要求事項（JIP-ISMS517-1.0）」

「JIS Q 27000：2019（ISO/IEC27000：2018）情報技術―セキュリティ技術―情報セキュリティマネジメントシステム―用語」

「JIS Q 31000：2019（ISO31000：2018）リスクマネジメント―原則及び指針」

「JIS Q 9000：2015（ISO9000：2015）品質マネジメントシステム―基本及び用語」

「JIS Q 9001：2015（ISO9001：2015）品質マネジメントシステム―要求事項」

「JIS Q 19011：2019（ISO19011：2018）マネジメントシステム監査のための指針」

「JIS Q 17021-1：2015（ISO/IEC17021-1：2015）適合性評価―マネジメントシステムの審査及び認証を行う機関に対する要求事項―第1部：要求事項」

「JIS Q 27006：2018（ISO/IEC27006：2015）情報技術―セキュリティ技術―情報セキュリティマネジメントシステムの審査及び認証を行う機関に対する要求事項」

「JIS Q 15001：2023 個人情報保護マネジメントシステム―要求事項」

〈出典〉

「ISO/IEC27017：2015に基づくISMSクラウドセキュリティ認証に関する要求事項（JIP-ISMS517-1.0）、2016年8月1日」一般財団法人 日本情報経済社会推進協会

〈編著者紹介〉

一般社団法人 日本能率協会 審査登録センター

特定業種・業界に依らないマネジメント系第三者認証機関として1994年の設立以来、
一貫して組織の「経営革新」を推進してきた。その使命の下で環境を的確に把握し、
利害関係者の期待とニーズを理解しつつ、すべてのリスクと機会を適切に評価した審
査を実践してきた。ISMS審査は2002年から実施し、20年以上の経験を有している。
組織の情報セキュリティ対策に理想論を要求するのではなく、実務・実情を踏まえた
対応を共に考え、推進してきた。

〈執筆者紹介〉

〈監修・執筆〉	平川雅宏	センター長
〈執筆〉	大内敏弘	審査部　IMS技術部長
〈執筆〉	佐藤純彦	専任審査員
〈執筆〉	高山洋美	専任審査員

審査員が秘訣を教える！
2022年改定「ISO27001/27017」対応・導入マニュアル　NDC007.5

2024年3月30日　初版1刷発行

定価はカバーに表示されております。

Ⓒ 編著者　一般社団法人日本能率協会
審査登録センター
発行者　井 水 治 博
発行所　日刊工業新聞社
〒103-8548　東京都中央区日本橋小網町14-1
電話　書籍編集部　03-5644-7490
販売・管理部　03-5644-7403
FAX　03-5644-7400
振替口座　00190-2-186076
URL　https://pub.nikkan.co.jp/
e-mail　info_shuppan@nikkan.tech
印刷・製本　新日本印刷